Schirner Verlag

SUSANNE HÜHN

Mein Moment der Stille

Fantasiereisen zum Abschalten und Krafttanken

Schirner Verlag

Wir verzichten auf das Einschweißen unserer Bücher – **UNSERER UMWELT ZULIEBE!**

ISBN Printausgabe 978-3-8434-1514-9
ISBN E-Book 978-3-8434-6499-4

Susanne Hühn:
Mein Moment der Stille
Fantasiereisen zum Abschalten und Krafttanken

Umschlag: Simone Fleck, Schirner, unter Verwendung von # 177507158 (© Robert Zp), # 1332229898 (© 09Design_Factory) und # 531217906 (© Somnuek saelim), www.shutterstock.com
Layout: Simone Fleck & Anna Twele, Schirner
Lektorat: Ina Keller & Elke Truckses, Schirner
Printed by: Ren Medien GmbH, Germany

www.schirner.com

Neuausgabe 2022 – 1. Auflage März 2022

Inhalt

Vorwort

Liebe Leserin, lieber Leser,
hast du viel zu wenig Zeit für dich? Würdest du dennoch gern meditieren, weil du weißt, dass es dir guttun würde? Brauchst du deshalb kurze innere Reisen, die du dazu nutzen kannst, in verschiedenen Lebensbereichen innerlich freier und entspannter zu werden? Oder leitest du Gruppen und wünschst dir Anregungen und eine Begleitung, bis du deine eigenen inneren Reisen schreiben kannst?

Ich möchte dir mit diesem Buch eine geistige Wohlfühlapotheke geben, ein paar innere Bilder, die du anwenden kannst, wenn dich der Alltag wieder einmal zu überwältigen droht. Ich biete dir innere Reisen, klare innere Bilder, die du leicht lesen und dir merken kannst. Du findest in den Meditationen wirksame Symbole, mit denen dein Unterbewusstsein hilfreiche und zielführende Anweisungen zu den verschiedensten Situationen erhält.

Für diejenigen, die sich schon länger mit spirituellen Themen beschäftigen und tiefer gehende innere Bilder brauchen, gibt es ein paar ausführlichere Meditationen und Hilfestellungen. Außerdem werde ich die liebevollsten Energien, die mir zur Verfügung stehen, mit in die Meditationen hineinweben. Die Engel, über die ich hier nicht schreiben werde, weil wir es ja kurzhalten wollen, sind dennoch bei dir und begleiten dich durch dieses Buch hindurch. Du hast wahrscheinlich keine Zeit, um sie zu spüren – aber manchmal, für kurze Augenblicke, wirst du sie vielleicht doch wahrnehmen.

Darf ich dich also einladen, angenehme Musik aufzulegen, eine Duftkerze anzuzünden, es dir bequem zu machen, die Augen zu schließen und den inneren Bildern zu folgen, die ich dir auf den nächsten Seiten geben möchte? Mache dir aber keine Gedanken, wenn du keine klaren inneren Bilder siehst. Die meisten Menschen nehmen während einer inneren Reise eine Mischung aus Gedanken, Gerüchen, Bildern, Gefühlen und innerem Wissen wahr. Die inneren Bilder sind Transportmittel für bestimmte Energien und Kräfte. Das weiß dein Unterbewusstsein, und es verarbeitet die Energien auf seine ganz eigene Weise. Lasse dich also nicht von dem Gedanken stressen, du müsstest einen perfekten inneren Film sehen. Nimm, was dir dein Inneres anbietet, und wisse, dass auch innere Wahrnehmung nichts als Übungssache ist. Ich freue mich sehr, dich auf deinem Weg zu dir selbst ein kleines Stück begleiten zu dürfen!

Damit nicht vor jeder inneren Reise ein längerer Eingangstext steht, stelle ich dir hier deinen Einstieg in alle inneren Reisen vor. Bereits dieser Einstieg kann eine eigene Meditation sein. Es ist sehr hilfreich, immer den gleichen Einstieg zu nutzen. Dadurch lernt dein Körper, sich schneller zu entspannen, und dein Unterbewusstsein öffnet sich durch die formelartigen Sätze bereitwillig.

Dein Einstieg in jede innere Reise

Setze oder lege dich bequem hin. Es gibt nun nichts mehr für dich zu tun. Du darfst loslassen und sein, wie du gerade bist. Dein Atem darf kommen und gehen, wie es ihm gefällt, dein Körper, deine Gefühle und Gedanken dürfen sein, wie sie gerade sind. Du brauchst niemandem zu gefallen, du tust das ganz allein für dich.

Du erlaubst nun der Außenwelt, sich für eine Weile ohne dich weiterzudrehen, und richtest deine Aufmerksamkeit nach innen, auf deine Innenwelt. Es ist so wichtig, nach innen zu lauschen und dich selbst wahrzunehmen. Hier findest du die Kraft, mit der du in der Welt Dinge in Bewegung setzen kannst.

Du spürst, wie du dich nach und nach entspannst. Du seufzt wohlig auf, denn es gibt nichts mehr zu tun. Alles an dir darf sein, wie es ist, mit allen Empfindungen, die in dir leben, allen Wünschen und Träumen, die durch dich gelebt werden wollen. Vielleicht wird dein Atem bereits ein wenig ruhiger und tiefer, vielleicht fühlst du deinen Körper nicht mehr richtig, und er wird schwer oder ganz leicht. Deine Gedanken ziehen an dir vorbei wie Wolken am Himmel. Du nimmst deine Gefühle wahr, auch sie ziehen an dir vorbei.

Tiefer und tiefer sinkst du in dich selbst hinein, tiefer und tiefer wird dein Atem, du kommst mehr und mehr in dir selbst an.

Nun erscheint vor deinem inneren Auge ein wunderbar funkelndes, farbiges Licht, eine glitzernde Wolke aus Lichtstrahlen. Sie hüllt dich ein, verbindet sich mit deiner Aura, nährt, reinigt, entspannt und heilt dich überall da, wo du es brauchst.

Du nimmst das Licht beim Einatmen in dich auf. Es fließt überall dahin, wo es gebraucht wird. Beim Ausatmen kannst du nun alten Ballast loslassen. Lasse alles Alte, Verbrauchte aus dir herausströmen. Das farbige Licht fließt in all deine Zellen, durchströmt deine Organe und deine Wirbelsäule. Du fühlst dich so frei wie schon lange nicht mehr. Du lässt noch ein wenig mehr los, die Außenwelt versinkt, und du spürst nur noch dich, deine Empfindungen, deine inneren Bilder. Du erlaubst dir, zu fühlen, was du fühlst, und zu wissen, was du weißt. Es gibt nun nichts mehr zu tun, du darfst dich ausruhen, entspannen und dich selbst spüren. In deiner Vorstellung erscheint jetzt ein Tor, durch das du mühelos hindurchgehst. Hinter dem Tor findest du eine wundervolle Landschaft, in der du dich sicher und geborgen fühlst. Du bist in deiner Innenwelt angekommen.

Von hier aus kannst du die innere Reise unternehmen, die heute für dich passt. Du findest vor jeder inneren Reise noch ein paar einleitende Worte, damit sie nicht so unvermittelt anfängt.

Einstieg und Ausleitung für Meditationsgruppen

Ich nutze gern bei meinen Meditationsgruppen den folgenden Eingangstext, der für sich bereits eine tiefgreifende Meditation sein kann. Bitte wundere dich nicht, dass sich manches wiederholt: Wichtige Botschaften müssen ein paarmal gehört werden, besonders, wenn sie ungewohnt sind wie der Satz: »Es gibt nun nichts mehr für dich zu tun.« Sage diesen Satz mit aller Ruhe und Überzeugung, damit deine Teilnehmer ihn dir glauben.

Setze oder lege dich bequem hin. Es gibt nun nichts mehr für dich zu tun. Du darfst loslassen und sein, wie du gerade bist. Dein Atem darf kommen und gehen, wie es ihm gefällt, dein Körper, deine Gefühle und Gedanken dürfen sein, wie sie gerade sind. Du brauchst niemandem zu gefallen, du tust das ganz allein für dich.

Du erlaubst nun der Außenwelt, sich für eine Weile ohne dich weiterzudrehen, und richtest deine Aufmerksamkeit nach innen, auf deine Innenwelt. Es ist so wichtig, nach innen zu lauschen und dich selbst wahrzunehmen. Hier findest du die Kraft, mit der du in der Welt Dinge in Bewegung setzen kannst.

Du spürst, wie du dich nach und nach entspannen kannst. Du seufzt wohlig auf, denn es gibt nichts mehr zu tun. Alles an dir darf sein, wie es ist, mit allen Empfindungen, die in dir leben, allen Wünschen und Träumen, die durch dich gelebt werden wollen. Vielleicht wird dein Atem bereits ein wenig ruhiger und tiefer, vielleicht fühlst du deinen Körper nicht mehr richtig, und er wird schwer oder ganz leicht. Deine Gedanken ziehen an dir vorbei wie Wolken am

Himmel. Du nimmst deine Gefühle wahr, auch sie ziehen an dir vorbei. Tiefer und tiefer sinkst du in dich selbst hinein, tiefer und tiefer wird dein Atem, du kommst mehr und mehr in dir selbst an.

Nun erscheint vor deinem inneren Auge ein wunderbar funkelndes, farbiges Licht, eine glitzernde Wolke aus Lichtstrahlen. Sie hüllt dich ein, verbindet sich knisternd mit deiner Aura, nährt, reinigt, entspannt und heilt dich überall da, wo du es brauchst.

Du nimmst das Licht beim Einatmen in dich auf. Es fließt überall dahin, wo es gebraucht wird. Beim Ausatmen kannst du nun alten Ballast loslassen. Lasse alles Alte, Verbrauchte aus dir herausströmen. Das farbige Licht fließt in all deine Zellen, durchströmt deine Organe und deine Wirbelsäule. Du fühlst dich so frei wie schon lange nicht mehr. Du lässt noch ein wenig mehr los, die Außenwelt versinkt, und du spürst nur noch dich, deine Empfindungen, deine inneren Bilder. Du erlaubst dir, zu fühlen, was du fühlst, und zu wissen, was du weißt. Es gibt nun nichts mehr zu tun, du darfst dich ausruhen, entspannen und dich selbst spüren.

Das Bild einer Treppe erscheint vor deinem inneren Auge. Sie führt nach oben oder nach unten, und du bekommst Lust, hinauf- oder hinabzusteigen, Stufe für Stufe. Du lässt alles hinter dir, während du die Treppe betrittst. Wenn dich nun noch etwas festhält, stelle dir vor, wie du es in ein kleines Päckchen verpackst und auf eine Stufe legst. Du kannst es nachher wieder mitnehmen, wenn du es dann noch willst.

Frei und unbeschwert gehst du nun die Treppe weiter, Stufe für Stufe. Du wirst immer entspannter und gleichzeitig wacher und frischer. Deine Wahrnehmung dehnt sich aus, und es ist, als wärest du verbunden mit all dem Wissen, das deine Seele in sich trägt, verbunden mit dem Wissen des ganzen Kosmos, verbunden mit allen Engeln und der göttlichen Kraft. Bitte deinen Schutzengel oder ein anderes liebevolles Wesen, das dich begleitet, auf dieser Reise dein Führer zu sein und dir zu zeigen, was heute für dich wichtig ist.

Du bist nun am Ende der Treppe angelangt, und da ist eine Tür. Sie lässt sich ganz leicht öffnen. Du trittst hindurch und befindest dich in einer wundervollen Landschaft, einer Landschaft, wie du sie leuchtender und gesünder noch nie gesehen hast. Glücklich schaust du dich um, und es ist, als seiest du nach Hause gekommen. Du bist in deiner Innenwelt angekommen.

Hier fügst du die Traumreise an, in die du deine Teilnehmer führen möchtest.

Mit diesen Worten kannst du die Traumreise beenden und deine Teilnehmer ganz sanft ins Hier und Jetzt zurückzuholen:

Ganz leicht findest du nun den Weg zurück zu der Treppe, und du gehst die Stufen hinauf oder hinunter, je nachdem, wohin sie dich führen. Wachheit, Klarheit und Frische durchströmen dich. Du möchtest dein Leben noch bewusster leben und deine Fähigkeiten, deine Kraft, deine Wünsche und Ideale auf die Erde bringen. Du weißt plötzlich, was du tun willst, und folgst freudig den Treppenstufen zurück in deinen Alltag. Du bewegst deine Hände, deine Füße, deinen gesamtem Körper, du willst vielleicht ein wenig tiefer atmen, dich strecken. Bei der nächsten Stufe erinnerst du dich an den Raum, in dem du dich befindest, an den Tag, an die Uhrzeit.

Noch drei Stufen … drei … du bewegst nun Hände und Füße … zwei … du streckst dich, rekelst dich … eins … du öffnest die Augen, bist wieder ganz im Hier und Jetzt, frisch und wach, gleichzeitig erholt und entspannt, mit neuem Lebensmut.

Natürlich braucht man nicht jede Reise auf diese ausführliche Weise zu beginnen und zu beenden. Wenn deine Teilnehmer geübt sind, dann genügt oft ein kurzer Impuls, ein rasches inneres Bild oder einfach die Vorstellung, dass sie durch ein Tor in ihre Innenwelt gehen und von dort aus ihre Reise beginnen.

Die Ausgangssequenz in den einzelnen Meditationen ist kurzgehalten. Bei Bedarf kannst du dir eine Markierung an die entsprechende Stelle setzen und stattdessen die längere Ausleitung verwenden.

Noch ein paar Tipps für deine Arbeit mit Meditationsgruppen

Möglicherweise bist du schon sehr geübt darin, Meditationsgruppen zu führen, dann überspringe dieses kleine Kapitel einfach. Wenn du aber gerade erst damit anfängst, dann lasse dir von mir Mut machen. Du kannst nichts falsch machen, wenn du die Meditationen langsam vorliest und dir und deinen Teilnehmern Raum lässt, die inneren Bilder wahrzunehmen. Es hilft, den Teilnehmern zu sagen, dass sie nicht unbedingt Bilder sehen müssen. Manche Menschen nehmen innere Reisen über Gefühle, Gedanken, Gerüche oder über inneres Wissen wahr. Das ist alles genau richtig. Die inneren Bilder transportieren Energien, die jeder Mensch anders wahrnimmt. Wenn du diese Fantasiereisen als Therapeut oder Kursleiter nutzen willst, verwende gern die vorgestellten Eingangs- und Ausgangstexte. Dann haben deine Teilnehmer genug Raum, sich zu entspannen. Sie haben sich die Zeit für sich selbst bereits genommen, indem sie deinen Kurs besuchen, deshalb darf die innere Reise auch ein bisschen länger sein.

Überfordere die Meditierenden nicht. Wenn du als Seminarleiter neu anfängst, hast du vielleicht das Gefühl, dass du deinen Teilnehmern sehr viel bieten musst. Dann kann es passieren, dass du die inneren Reisen zu voll packst oder den inneren Ort zu häufig wechselst. Halte es einfach. Mache lieber zwei kurze Reisen hintereinander mit einer Pause zum Aufschreiben und Nachspüren, vor allem, wenn auch deine Teilnehmer gerade erst beginnen, sich nach innen zu wenden. Doch auch, wenn man sehr geübt ist, kann bereits eine kurze innere Reise mit machtvollen Symbolen sehr tiefgreifend sein.

Ich wurde früher oft von Teilnehmern gefragt, was dieses oder jenes innere Bild, das gesehen oder gefühlt wurde, bedeuten soll. Als ich anfing, Meditationsgruppen zu leiten, dachte ich, ich müsste alles wissen und jedes innere Bild interpretieren oder selbst fühlen können. Viel sinnvoller und für dich weniger anstrengend ist es, wenn du Folgendes tust: Führe deinen Teilnehmer zurück an die Stelle der inneren Reise, an der die Frage entstand. Sage einfach: »Gehe noch einmal zurück zu dem Punkt, an dem dir … (hier das Thema des Klienten nennen) begegnet ist.« Das können die Teilnehmer in der Regel sehr einfach, denn das Unterbewusstsein weiß, dass an jener Stelle noch Unklarheit herrscht, und es möchte Klärung. Wenn dein Teilnehmer in seinem noch unklaren inneren Bild angekommen ist, sage ihm: »Jetzt frage dein Inneres: Was willst du mir damit sagen, worum geht es wirklich?« Das Unterbewusstsein des Klienten will sich mitteilen, darauf können wir uns verlassen. Deshalb wird es eine Antwort geben oder das innere Bild so verändern, dass dein Klient etwas damit anfangen kann. Auf diese Weise lehrst du deine Klienten, sich selbst zu fühlen und sich selbst zu glauben, damit sie nicht abhängig von dir werden. Damit erweist du ihnen einen viel größeren Dienst.

Wenn du Schutz brauchst

Fühlst du dich manchmal viel zu verletzlich für diese Welt? Sitzt du manchmal im Büro oder stehst an der Kasse und hast das Gefühl, wie durchsichtig zu sein, bereit, die Energien all der Leute um dich herum aufzusaugen? Dann hilft dir der Mantel aus Wolkenlicht. Er stärkt dich und verleiht dir Widerstandsfähigkeit, wenn du dich innerlich nicht stabil genug fühlst, um handlungsfähig und gelassen zu bleiben. Besonders dann, wenn du dich intensiv mit den Problemen anderer Menschen auseinandersetzt oder eine sehr empfindsame Phase hast, ist der Schutzmantel in der ersten inneren Reise eine wertvolle Hilfe.

Nutze das innere Bild der goldenen Acht in der zweiten Meditation immer dann, wenn du heilerisch tätig bist oder wichtige Gespräche führst. Es hilft dir, innerlich bei dir zu bleiben und dich energetisch abzugrenzen. Selbst dann, wenn der andere gern bei dir »unterschlüpfen« möchte, bist du sicher und geschützt. Die Acht ist ein energetisches Nein und zugleich ein kraftvolles Bindemittel. Sie erschafft einen Raum der Liebe um dich und den anderen, ohne dass einer von euch den eigenen Raum aufgeben muss. Ganz besonders wichtig und hilfreich ist sie, wenn du in einer Beziehung befürchtest, dass du dich selbst verlierst, oder du auf eine ungesunde, süchtige Weise ganz und gar mit dem Gegenüber verschmelzen möchtest.

Der Mantel aus Wolkenlicht

Du liegst oder sitzt ganz bequem und erlaubst dir, zu träumen. Du entspannst dich mehr und mehr, wirst leichter und freier, friedlich und ruhig.

Träume dich in eine wundervolle Wolkenlandschaft hinein, alles ist weiß, glitzernd und strahlend. Vielleicht sind die Wolken auch rosa angehaucht, oder sie schimmern golden. Du beginnst jetzt schon, die unermessliche Freiheit, den Frieden und die Sanftheit dieser Wolkenwelt wahrzunehmen. Es ist die Welt der Engel; wenn du willst, dann darfst du nun auch wie ein Engel Flügel haben. Stelle dir einfach vor, sie wachsen aus deinem Herzen heraus. Stark und schön liegen sie nun auf deinem Rücken. Du kannst versuchen, sie ein wenig zu bewegen. Tiefe Freude durchströmt dich, während du das tust, und du wunderst dich vielleicht, dass du es kannst, dass du weißt, wie es geht.

Nun suche dir eine besonders schöne Wolke aus. Es kann auch sein, dass eine Wolke auf einmal aufstrahlt und dich wie magisch anzieht. Kuschle dich in diese Wolke hinein, und sinke tiefer und tiefer. Du fühlst dich gleichzeitig getragen und unterstützt. Weich, weiß und sehr sanft umhüllt sie dich wie ein wundervoller Schutzmantel.

Werde noch ruhiger, und erlaube dir, dich selbst zu spüren. Tauche ein in deinen inneren Raum des Friedens und der Harmonie. Die Kraft der Wolke beginnt, in dich hineinzuströmen, sie füllt dich aus und löst alles in dir auf, was dich belastet. Die Wolkenkraft versorgt dich mit Leichtigkeit, Frieden und tiefer Ruhe.

Dein Körper ist nun ausgefüllt mit diesem flimmernden, glitzernden, reinigenden und tief beruhigenden Licht der Wolke. Deine Aura und deine Energiekörper sind ruhig und ausgeglichen; du spürst dich und das, was du wirklich willst, sehr deutlich.

Wie ein Mantel hüllt dich die Wolke ein, sie schützt und durchströmt dich gleichzeitig. Du wirst eins mit dieser Wolke, spürst nur noch Kraft, Frieden und Ruhe. Irgendwann kommt dir der Gedanke, diese Wolke in deinen Alltag mitzunehmen, und du bittest sie, dir etwas von ihrer Energie zu schenken. Sie zieht sich zusammen, wird immer kleiner und dichter, immer leuchtender und kraftvoller, bis sie als murmelkleiner Ball in deiner Hand liegt.

Du fühlst dich weiterhin sehr ruhig und friedlich, während du mit der Kugel in der Hand bewusst in den Raum zurückkehrst, in dem du dich befindest.

Atme ein paarmal tief durch. Du weißt, dass du ein Geschenk erhalten hast. Wann immer du willst, kannst du die Kugel bitten, zu dem Mantel aus weißem Wolkenlicht zu werden. Egal, wo du dich befindest und was du tust, die Wolke wird dir mit ihrer Kraft, ihrer Ruhe und ihrem Schutz zur Verfügung stehen.

Vielleicht willst du von nun an einen kleinen Mondstein als Symbol für diese Wolke in der Tasche tragen, vielleicht genügt es auch, wenn du weißt, dass dieser Lichtball immer bei dir ist.

Die goldene Acht

Du liegst oder sitzt ganz bequem und schaust nach innen. Du siehst nun dich und den anderen Menschen, von dem du dich auf gesunde Weise abgrenzen willst, vor dir.

Jetzt stelle dir ein Lichtband vor. Vielleicht möchtest du in Gedanken auch einen strahlend goldenen Stift zur Hand nehmen oder dir eine Wunderkerze vorstellen. Male von dem Punkt aus, der zwischen euch liegt, eine goldene Acht. Du kannst sie auch mit der Wunderkerze sprühen oder mit dem Band legen. Der Schnittpunkt dieser Acht ist genau zwischen euch, jeder erhält den gleichen Raum. Achte darauf, dass die Linie nicht unterbrochen wird, sondern dass du sie in einer fließenden Bewegung malst. Lasse die Linie so dick sein, dass du ein gutes Gefühl von Schutz bekommst.

Nun stelle dir vor, wie die Acht immer mehr zu leuchten und zu strahlen beginnt, kraftvoll und klar wird und deutlich hervortritt. Innerhalb dieser Acht seid ihr sicher, geschützt, und ihr bleibt selbstbestimmt.

Während du nun auf die andere Person eingehst, dich mit ihr beschäftigst, denke immer wieder an diese Acht, und stelle sie dir so golden und stabil vor, wie es dir möglich ist. Fülle die entstandenen Kreise mit Licht, und achte besonders darauf, dass sich die Acht nicht verschiebt, sondern dass jeder den gleichen Raum behält.

Wenn du die Begegnung beenden willst, lasse die Acht verschwinden, und stelle dir einen Lichtkreis um dich herum vor. Damit symbolisierst du die Trennung und stabilisierst deine eigene Energie. Komme dann durch dein Tor zurück in den Raum, in dem du dich befindest.

Reinigung und Klarheit

Befreie dich von fremden Energien, Ansprüchen und Gefühlen

Kennst du das Gefühl, beschmutzt zu sein, wenn du Ärger hattest, dich mit vielen Menschen auseinandersetzen musstest oder in langweiligen, anstrengenden Meetings saßt? Gibt es Menschen in deinem Leben, die ihre viel zu hohen Erwartungen auf dich projizieren, nach deren Pfeife du tanzen sollst? Hast du dich durch die Gefühlsausbrüche anderer beeinflussen lassen, hast du zu lange zugehört oder zu viel reden müssen? Sitzt die »Maske«, die du tragen musst, so fest, dass du selbst nicht mehr weißt, wie du eigentlich darunter aussiehst?

Nun, du fühlst dich vielleicht nicht nur beschmutzt, du bist es auf bestimmten Ebenen auch. Die folgende Wasserfallmeditation kannst du genüsslich und langsam anwenden, aber auch rasch und blitzartig wie eine Notfallmeditation.

Die violette Flamme in der zweiten inneren Reise ist ein sehr kraftvolles Symbol, das du für jede Art der inneren Neugestaltung nutzen kannst. Sie wird sowohl St. Germain zugeordnet, dem Meister der Transformation, als auch dem Erzengelstrahl von Zadkiel, der ebenfalls für Transformation steht. Du wirst dich vielleicht wundern, wie deutlich du diese violette Kraft der Umformung fühlen wirst.

Die Wasserfalldusche

Du sitzt oder liegst ganz bequem. Erlaube dir, zu träumen und ganz in deiner Innenwelt anzukommen.

Du siehst einen Wald, hohe Bäume, Farne, Blumenteppiche und zartgrüne Lichtungen. Ein kleiner Weg windet sich durch den Wald, fast sieht es aus wie in einem Märchen.

In der Ferne hörst du ein Plätschern und Glucksen, und die Luft wird sehr belebend und frisch. Der Wald wird ein wenig dichter, dunkelgrün, moosige Felsen tauchen am Wegesrand auf, und die Luft wird feucht. Du atmest tief durch, fühlst dich jetzt schon sehr viel freier und reiner als noch vor wenigen Minuten. Nun ist das Plätschern ganz nah, es ist zu einem Rauschen angewachsen. Der Wald öffnet sich zu einer Lichtung, und vor dir taucht der klarste Wasserfall auf, den du je gesehen hast. Wie ein Schleier aus funkelnden Kristallen strömt er über moosbewachsene Steine hinab. Ein riesiger Felsen teilt ihn in zwei Hälften. Unerschütterlich steht der Felsen da, während das Wasser um ihn herum in ein kleines Becken strömt und sprudelt. Eine Trauerweide neigt sich über das Wasser.

Setze dich, lehne dich an den Stamm dieses Baumes, und lasse dich von dem Tanz der Elemente in den Bann ziehen. Das Wasser strömt in immer neuen Formen und Farben über den Felsen, je nachdem, wie sich das stärker werdende Licht der Sonne darin verfängt. Es versprüht seine Gischt und nährt damit das Moos auf dem Felsen. Das Zusammenspiel von Wasser, Licht, Erde und Luft ist so harmonisch, dass du dich noch tiefer entspannst.

Auf einmal entscheidest du dich, deine Kleidung auszuziehen und das Wasser am ganzen Körper zu spüren. Lege dein Kleiderbündel an den Rand des Beckens, und tauche einen Fuß in das Wasser. Es hat genau die richtige Temperatur, es ist frisch und kühl, aber nicht zu kalt. Genau so, wie du es jetzt brauchst. Steige nun in das Becken, und halte vorsichtig einen Arm unter das strömende Wasser. Es prasselt auf dich herab, dein Arm beginnt sofort, zu kribbeln und sich lebendig zu fühlen.

Stelle dich nun ganz unter den Wasserfall, damit er alles von dir abwäscht, was du nicht mehr brauchst. Du wunderst dich vielleicht, wie viel Schmutz aus deinen Haaren strömt, von deinem Gesicht hinab, sogar aus deiner Nase und den Ohren.

Du erlaubst dem Wasser, deinen ganzen Körper zu reinigen, überall da, wo sich im Laufe des Tages Energie angesammelt hat, die da nicht hingehört. Wenn du zu viel hören musstest, dann wasche dir besonders sorgfältig die Ohren. Lasse das Wasser tief in die Ohren hineinströmen, und nimm wahr, wie schmutzig es ist, wenn es wieder herausfließt. Es wäscht dir all die Worte und Informationen aus den Ohren, die nicht wichtig oder gut für dich sind. Wenn du zu viel gesehen hast, dann wasche dir besonders sorgfältig die Augen. Reinige alle Körperteile, die heute besonders strapaziert worden sind. Lasse das Wasser hereinfließen und wieder hinausströmen, so lange, bis es klar und rein ist. Nimmst du die Frische und die Kraft wahr, die dadurch in dir entstehen?

Egal, wo du dich überfordert, verschmutzt und verklebt fühlst, unter diesem Wasserfall wirst du gereinigt, geheilt und mit vollkommen neuer Energie versorgt. Du kannst diesen Wasserfall besuchen, wann immer du möchtest.

Diese Reinigung kann, wenn du sie dringend brauchst, auch sehr rasch geschehen. Stelle dir dazu vor, dass das Wasser nicht nur außen am Körper entlangfließt, sondern auch durch dich hindurchströmt, durch die Zellen, durch die Organe, besonders durch das Herz und den Magen, ganz schnell, in einem Strom. Alles, was du in diesem Augenblick nicht mehr brauchst, wird sofort aus dir herausgespült, all die Energie, die du gegen deinen Willen aufgenommen hast, lässt du sofort wieder los.

Irgendwann hast du das Gefühl, sauber und rein zu sein. Verlasse den Wasserfall, danke ihm, wenn dir danach ist, und lasse dich von der strahlenden Sonne trocknen. Gehe dann zu deinem Kleiderbündel, und bemerke, dass es sich verändert hat. Nun liegen da genau die Kleider, die deinem jetzigen Zustand entsprechen. Ziehe sie an, und spüre die neue Energie, die Reinheit!

Frei und unschuldig wie ein Kind tanzt du nun unbeschwert noch ein bisschen, bevor du durch dein Tor zurückkommst in den Raum, in dem du dich befindest. Nimm dieses Gefühl von Freiheit und Reinheit mit in deinen Tag, genieße diesen Zustand, und nimm wahr, wie anders du dich fühlst. Vielleicht kommen dir sogar neue, ungewohnte Gedanken; Gedanken, die Freiheit und Kraft in sich tragen.

Die violette Flamme

Du liegst oder sitzt ganz bequem und erlaubst dir, zu träumen. Du entspannst dich mehr und mehr, wirst leichter und freier, friedlich und ruhig.

Du befindest dich jetzt in deiner Innenwelt, in einem ganz besonderen Bereich deiner inneren Landschaft. Diese Landschaft ist märchenhafter und schöner als alles, was du bisher gesehen hast. Du weißt auf einmal, dass hier ein anderes Bewusstsein herrscht.

Ein hohes geistiges Wesen empfängt dich, das kann ein Lichtwesen oder ein Engel sein. Es bittet dich, an ihn alles abzugeben, was du aus deinem alten Bewusstsein mitgebracht hast. Vielleicht bemerkst du nun an dir einen schweren Rucksack, einen alten Mantel, schwere Stiefel oder gar einen verrosteten Keuschheitsgürtel. Lege alles ab, und gib es dem Wesen.

Schaue, was es mit den Dingen macht, vielleicht werden sie verbrannt, vielleicht verschwinden die Gegenstände einfach.

Nun wirst du zu einem Kraftort geführt, einem Ort, der dir vertraut erscheint, den du irgendwoher kennst. Ein großes Feuer brennt in einer riesigen Schale, aber es ist nicht rot und heiß, sondern kühl und violett. Die violetten Flammen schlagen hoch hinauf, sie leuchten in den verschiedensten Tönen. Helles, zartes Lila am Rand bis hin zu dunklem, sakralem Violett in der Mitte der Flamme. Gebannt betrachtest du das Schauspiel dieses ungewöhnlichen Feuers.

Auf einmal kommt dir der Gedanke, in dieses Feuer hineinzusteigen. Du weißt nicht, warum, aber plötzlich ist diese Idee so dringend, erscheint dir so richtig, dass du dich überwindest und probeweise eine Hand in die Flammen hältst. Das Feuer fühlt sich seidig und kühl an. Du hörst ein tiefes Summen im Inneren der Flamme. Du betrittst mutig die Schale und lässt dich ganz von diesem Feuer einhüllen. Dein Körper scheint sich auf sehr angenehme Weise aufzulösen, er wird eins mit dem violetten Feuer. Du verschmilzt ganz und gar mit den Flammen, fühlst dich, als wärest du das Feuer selbst. Nimm die immense Kraft wahr, die klare, reine Kraft der Reinigung und echten Transformation, der echten Änderung.

Wenn du willst, dann erlaube jetzt einem Gedanken oder einem Gefühl, von dem du befreit werden möchtest, in dir aufzusteigen. Vielleicht siehst du eine dunkle Stelle in dir, einen Kristall, der trüb geworden ist, vielleicht erscheint auch ein ganz anderes Bild.

Beobachte nun, wie diese Energie in der violetten Flamme aufgelöst wird. Bitte das hohe geistige Wesen, das dich begleitet hat, diese dunkle Stelle von dir zu nehmen. Vielleicht erkennst du, was damit geschieht, vielleicht auch nicht. Erlaube der violetten Flamme, die Stellen, die nun gereinigt sind, zu durchströmen und mit neuer Kraft anzufüllen. Bleibe so lange in dem Feuer, bis du dich wirklich gereinigt und frei fühlst. Irgendwann verändern sich die Flammen, sie werden heller und heller, bis aus dem Feuer eine strahlend weiße Lichtfontäne geworden ist. Lasse das Licht in jede deiner Zellen sprühen, und verschmilz vollständig mit dem gleißenden, sprühenden, weißen Licht. Bleibe so lange im weißen Licht, wie es dir angenehm ist.

Nun bitte deinen Körper, sich in dieser Lichtfontäne zu manifestieren. Dazu verändert das Licht seine Frequenz, es bekommt vielleicht eine Farbe, oder es verliert ein wenig von seinem überirdischen Gleißen, damit dein Körper die Energie, die es ausstrahlt, aushalten kann. Mehr und mehr spürst du deinen Körper, fühlst, wie das Licht ihn durchströmt, wie er zu kribbeln beginnt; vielleicht zieht es auch an der ein oder anderen Stelle. Dort, wo du möglicherweise Schmerzen empfindest oder Beschwerden hast, fließt besonders viel Licht hin. Es heilt, reinigt und schenkt dir vollkommen neue Kraft, die du so noch nie gespürt hast. Lasse es mehr und mehr zu, erlaube dir immer mehr, zurückzutreten und die Dinge geschehen zu lassen. Verweile hier so lange, wie es sich gut und richtig anfühlt.

Irgendwann verschwindet das Bild. Die Strahlkraft des weißen Lichtes bleibt bei dir und wirkt wie ein homöopathisches Mittel weiter. Komme jetzt durch dein Tor zurück in den Raum, in dem du dich befindest, nimm die Geräusche des Raumes wahr, die Farben, und erinnere dich an die Tageszeit. Atme tief durch, und recke und strecke dich. Stehe auf, spüre die neue Kraft und den Tatendrang, oder ruhe dich aus, nimm ein Bad, und schlafe eine Weile.

Es ist dein Leben

Meditationen zu innerer und äußerer Freiheit

Manchmal fühlen wir uns durch äußere Umstände nahezu handlungsunfähig. Wir können keinen Schritt machen und haben das Gefühl, wie ein erschrockenes Kaninchen bewegungslos in einer Ecke zu sitzen. Immer dann, wenn wir unsere Selbstbestimmung an andere abgegeben haben, immer wenn wir die Verantwortung für unser Wohlbefinden nicht in die Hände der Liebe legen, sondern der Angst unterordnen, fühlen wir uns, als säßen wir in einem goldenen Käfig. Doch egal, in welcher Situation du gerade bist, es gibt immer etwas, was du tun kannst.

Wenn du die Verantwortung für dein Leben, deine Selbstbestimmung, wieder in deine Hände nimmst, kommt automatisch die Kraft, mit der du den nächsten Schritt gehen kannst. Diesem folgt dann der nächste. Wir trauen uns nur nicht, den Käfig zu verlassen, weil wir glauben, wir müssten den Berg, der vor uns liegt, auf einmal bewältigen. Bei den Anonymen Alkoholikern gibt es den Slogan: »Nur für heute.« In den Alltag übersetzt bedeutet er: Nur für heute kannst du das erste Glas stehen lassen, nur für heute kannst du aufhören, zu essen, wenn du satt bist, und nur für heute kannst du mutig und stark sein und deinen Weg gehen, in so kleinen Schritten, wie es dir heute möglich ist.

Mit der Meditation »Die Flügel öffnen« bekommst du deine Selbstbestimmung zurück, die Meditation »Der goldene Käfig« ist sinnvoll, wenn du dich in einer schwierigen Situation gefangen fühlst.

Die Flügel öffnen

Du liegst oder sitzt ganz bequem. Atme in den Bauch, wenn du das kannst. Verfolge deinen Atem in Gedanken. Spüre, wie er in deinen Körper hereinströmt und wieder hinausfließt. Begleite deinen Atem in deinen Körper herein und aus ihm hinaus, ohne dabei zu kontrollieren, wohin er fließt.

Wenn du willst, stelle dir ein farbiges Licht vor, golden vielleicht, rosa oder irgendeine andere Farbe, die dir spontan in den Sinn kommt. Atme dieses Licht in dich ein, lasse es durch alle Zellen strömen, und lasse es los, wenn du es wieder ausatmest. Stelle dir vor, wie beim Ausatmen all das aus dir hinausströmt, was du nicht mehr brauchst, als hätte das farbige Licht es aus deinen Zellen gelöst. Entspanne dich mehr und mehr, und komme zur Ruhe.

Bitte deinen Schutzengel, dir zu erscheinen. Es ist egal, ob du an Engel glaubst oder nicht, stelle dir einfach vor, du hättest jetzt, in dieser Minute, einen Schutzengel an deiner Seite. Er hat große Flügel und leuchtet hell. Du fühlst dich sehr wohl und geborgen an seiner Seite, und er umarmt dich oder strahlt dich mit seinem Licht an. Nun bittet er dich, ihm deinen Rücken zu zeigen. Er berührt dich zwischen den Schulterblättern. Du spürst sofort, wie die Stelle warm wird, und du entspannst dich mehr und mehr.

Auf einmal bemerkst du, dass dir Flügel wachsen. Dein Schutzengel gibt dir sehr viel Kraft und Energie in deine Flügel hinein, sodass sie groß, strahlend und kräftig werden.

Probiere, ob du sie öffnen kannst. Das ist ein bisschen ungewohnt, aber dein Schutzengel zeigt dir, wie es geht. Stelle dir vor, wie du deine Flügel öffnest und schließt, so lange, bis du wirklich Wärme zwischen den Schulterblättern spürst oder bis du bemerkst, dass du sie in Gedanken sehr leicht bewegen kannst. Nimm wahr, welche Farbe sie haben, vielleicht verändern sie sich, während du sie bewegst. Immer mehr spürst du, dass es tatsächlich deine Flügel sind, die Flügel, die du abgegeben hast, als du auf die Erde kamst. Nun wird es Zeit, sie wieder in Empfang zu nehmen.

Stelle dir vor, du bewegst sie immer schneller, bis du ganz leicht vom Boden abheben kannst. Vielleicht genügt dazu auch ein intensiver Flügelschlag. Spüre die Freiheit und die Freude, die in dir entstehen, fühle, wie du zugleich kraftvoller und innerlich weiter wirst. Du fliegst nun und spürst ganz deutlich deine Flügel. Du fühlst dich größer, energiegeladen, machtvoller und gleichzeitig von Liebe durchströmt.

Immer dann, wenn du dich gefangen fühlst, erinnere dich an deine Flügel. Öffne sie einige Male, um sie zu spüren, und nimm sofort wieder deine Kraft und Selbstbestimmung wahr. Du bist wie ein Engel auf Erden, in Kontakt mit der allumfassenden Schöpferkraft, und wenn du deine Flügel spürst, dann ist dir das auch bewusst. Dies ist dein Leben, dein Weg. Nur du entscheidest, was du in deinem Leben haben willst und was nicht.

Nun landest du wieder sanft auf dem Boden. Atme ein paarmal tief durch, während du durch dein Tor zurück in den Raum kommst, in dem du dich befindest. Du brauchst deine Flügel nie wieder abzugeben, du darfst sie ab sofort behalten. Du weißt jetzt, dass du dennoch auf der Erde bleiben wirst.

Der goldene Käfig

Du liegst oder sitzt ganz bequem. Beginne, zu träumen, atme ein paarmal tief durch, und erlaube dir, ganz und gar bei dir anzukommen.

Stelle dir einen goldenen Käfig vor. Du selbst sitzt in diesem Käfig, ja, du hast es dir sogar ziemlich gemütlich gemacht. Du spürst sehr deutlich deine Gefühle in diesem Käfig. Vielleicht ist dir langweilig, und du bist des Ganzen überdrüssig; vielleicht bist du unruhig und müde, aber vielleicht fühlst du dich gleichzeitig sicher und geborgen. Schaue, wie angenehm du dir den Käfig unterdessen eingerichtet hast. Bist du wirklich sicher, dass du ihn verlassen willst?

In dem Moment, in dem du dich dafür entscheidest, den Käfig zu verlassen, bemerkst du eine Tür. Du kannst sie ganz leicht öffnen, obwohl du sie vorher nicht wahrgenommen hast.

Sehr achtsam öffnest du also die Tür und nimmst ganz bewusst deine Gefühle wahr. Wie fühlt sich dein Körper an? Atmest du noch ruhig? Schlägt dein Herz schneller? Wie fühlst du dich? Erinnere dich daran, dass du den Käfig nicht zu verlassen brauchst. Erlaube dir einfach, die Tür zu öffnen.

Nach einer Weile streckst du vorsichtig ein Bein aus dem Käfig. Wieder nimmst du so deutlich wie möglich wahr, wie du dich fühlst. Nun wirst du mutiger, denn du weißt ja, dass du jederzeit in den Käfig zurückkehren kannst. Schaue dich noch einmal im Käfig um. Gibt es etwas, was du gern mit hinausnehmen möchtest? Einen Gegenstand, ein Symbol? Nimm alles, was dir ein Gefühl von Kraft und Stabilität gibt, mit nach draußen.

Klettere nun langsam Stück für Stück aus dem Käfig hinaus. Stelle dir vor, dass der Käfig in der freien Natur steht, in einer Landschaft, in der du dich vollkommen sicher und geborgen fühlen kannst. Nichts kann dir hier passieren, denn alles ist friedlich und still. Jetzt kannst du den Käfig endgültig verlassen.

Du stehst auf einem schmalen, gewundenen Pfad, der vom Käfig aus in die Landschaft hineinführt. Du wagst es, ihn ein kleines Stück weit zu gehen. Auf einem Stein am Wegesrand liegt ein Geschenk für dich, es ist ein Symbol für die Kraft, die du brauchst, um den Weg weiterzugehen. Nimm das Geschenk dankbar an, und spüre, wie dich seine Kraft mit einem Mal durchströmt. Auch ohne dass du weißt, wohin er dich führt, gehst du den schmalen Weg immer weiter.

Irgendwann verzweigt sich der Pfad. Der eine Weg führt in einer weiten Schleife zurück zum Käfig, der andere biegt an einem großen Felsen um eine Kurve und verschwindet in einem lichten Wald. Wenn du diesen Weg gehst, wirst du den Käfig aus den Augen verlieren. Bleibe stehen, und atme ein paarmal tief durch. Spüre in dich hinein, und frage dich, was du willst.

Bist du bereit, den neuen Weg weiterzugehen, oder möchtest du lieber zum Käfig zurückkehren? Egal, wie du dich heute entscheidest, es steht dir immer frei, neu zu wählen.

Wenn du dich dazu entschieden hast, dann gehe nun den neuen Weg weiter. Du weißt noch nicht, wohin er dich führt, und du kannst jederzeit umkehren. Gerade deshalb kannst du ihn ruhig auch noch ein wenig weitergehen. Frage dich: Was brauche ich, damit ich mich noch sicherer fühlen kann? Erlaube dir, die Frage in den Raum zu stellen, und gehe weiter.

In einiger Entfernung siehst du eine sehr bequeme Parkbank am Wegesrand stehen. Du gehst darauf zu und bemerkst, dass hier bereits jemand auf dich wartet. Es ist eine weise Kraft aus deinem Inneren, die sich dir als Gestalt zeigt. Sie lädt dich ein, dich zu ihr zu setzen, und das tust du.

Möglicherweise legt sie dir einen Arm um die Schultern und lädt dich ein, deinen Kopf an ihre Schulter zu legen, damit du dich ausruhen und trösten lassen kannst. Vielleicht gibt sie dir eine Botschaft aus deinem Inneren, die dir hilft, deinen Weg weiterzugehen, möglicherweise auch beides.

Auf einmal zieht die Gestalt etwas aus einer Tasche ihres Gewandes hervor. Es ist ein Symbol für die Kraft, die du jetzt brauchst, um deinen Weg noch sicherer als bisher weitergehen zu können. Entspannt verweilt ihr noch ein wenig beieinander. Du spürst, dass du den Kräften, die in deinem Inneren wohnen und wirken, vertrauen kannst. Deshalb kannst du jetzt unbeirrt deinen Weg weitergehen.

Mit dem beruhigenden Wissen, dass du dir vertrauen kannst, lenkst du deine Aufmerksamkeit nun zurück in den Raum, in dem du dich befindest. Du fühlst dich klar und ausgeruht. Wann immer du dich eingeengt fühlst, kannst du dieses innere Bild nutzen, um wieder frei zu werden.

Spüre die Kräfte,
die in deinem Inneren wohnen,
du kannst ihnen vertrauen.

Wenn du erschöpft bist

Tanke frische, neue Energie

Liebst du Springbrunnen auch so sehr wie ich? Hier ist eine kurze, aber sehr wirkungsvolle Technik, die dir rasch neue Energie geben kann. Immer wenn du dich müde, erschöpft und ausgebrannt fühlst, kannst du sie anwenden. Gleich fließen deine Gedanken wieder klarer, und du fühlst dich frischer.

Diese Meditation reinigt dich von aktuellen Verschmutzungen, von dem, was gerade passiert. Für eine tiefgehende Transformation nutze bitte die violette Flamme (siehe S. 30), und nimm dir entsprechend mehr Zeit dafür.

Wenn du erschöpft bist und das Gefühl hast, neben dir zu stehen, bist du möglicherweise nicht mehr richtig geerdet. Das kann vor allem dann passieren, wenn du dich für andere aufopferst oder vieles tust, was dir in Wahrheit gegen den Strich geht. Dann hilft dir die zweite innere Reise. Du lernst nicht nur, besser auf dich zu achten, die Rückverbindung zu deiner eigenen Erdung hilft dir außerdem, dich wieder zu spüren und bei dir zu bleiben. Führe die Mediation ein paarmal durch, wenn du dich gut fühlst, und übe sie ein bisschen. Dadurch kannst du schnell darauf zurückgreifen, wenn du dich ausgelaugt fühlst.

Die Wassersäule

Du liegst oder sitzt ganz bequem und erlaubst dir, zu träumen. Du entspannst dich mehr und mehr, wirst leichter und freier, friedlich und ruhig.

Du gehst in deiner Landschaft spazieren und findest auf einmal ein kleines, flaches Wasserbecken. Es ist natürlich entstanden oder von liebevoller Hand kunstvoll geformt – und es ist wie geschaffen für dich. Ziehe deine Schuhe und Strümpfe aus, und stelle dich mitten hinein in dieses Wasserbecken. Sicher und stabil trägt dich der Boden.

Das klarste, reinste Wasser, das du dir überhaupt nur vorstellen kannst, sprudelt aus dem Boden und umspielt deine Füße. Und auf einmal merkst du, dass du das Wasser mit deinen Füßen aufnimmst. Es ist ein ganz besonderes Wasser: das Wasser des Lebens. Es gibt dir alles, was du brauchst, du darfst dich ihm anvertrauen.

Das Wasser strömt nun rascher, wie eine Fontäne sprüht es aus dem Boden und fließt in deinen Körper hinein. Rasch durchströmt es deine Beine, gibt ihnen neue Kraft, perlt in dein Becken, in deinen Bauchraum und füllt dich mit klarem, angenehm kühlem oder warmem Wasser voller Lichtkraft und Freude.

Es steigt höher, nimmt alles mit, was dich im Moment schwer und dunkel sein lässt, es füllt deinen Brustbereich und lässt dein Herz kraftvoll und regelmäßig schlagen. Das Wasser strömt deinen Nacken hinauf und deine Schultern hinunter, wäscht die momentanen Störungen in deinem Energiesystem aus dir hinaus. Es reinigt dich von Müdigkeit, Stress, Anspannung und Ärger und schenkt dir neue Lebendigkeit und Kraft für deine Aufgaben.

Jetzt sprudelt es wie eine Wassersäule in deinen Kopf, entspannt deine Stirn, lässt dich klar und frei denken, reinigt dich von all den Gedankenspinnweben, die sich angesammelt haben. Das Wasser sprüht nun aus deinem Scheitel hinaus, du nimmst wahr, wie schmutzig es ist, doch es wird immer klarer. Nach wenigen Augenblicken quillt es kristallklar und rein aus dir hinaus.

Du bist nun vollkommen durchströmt und angefüllt mit reinem, frischem und gesundem Wasser. Es fließt an deinem Körper entlang wieder nach unten in die Erde hinein und nimmt alles mit, was dich im Moment schwer sein lässt. Das Wasser fließt mit all dem, was du loslassen konntest, einfach in die Erde. Dort werden die Verunreinigungen verwandelt und als Energiespender genutzt. Irgendwann fühlst du dich klar und rein, und du entscheidest dich, das Becken zu verlassen.

Die Quelle sprudelt nur noch gemächlich, wenn du genug Lebendigkeit getankt hast, doch du weißt, dass sie dir jederzeit mit frischer, lebendiger Kraft zur Verfügung steht.

Danke dem Wasser, wenn du willst, bleibe noch ein wenig in der wunderschönen Natur, und komme dann durch dein Tor zurück in den Raum, in dem du dich befindest.

Die Erde gibt dir Kraft

Du liegst oder sitzt ganz bequem und erlaubst dir, zu träumen. Du entspannst dich mehr und mehr, wirst leichter und freier, friedlich und ruhig.

Ein Weg führt durch deine innere Landschaft hindurch, und du gehst ihn entlang. In einiger Entfernung siehst du auf einmal einen Lichtfleck auf dem Boden. Er zieht dich wie magisch an, weil er so kraftvoll strahlt. Es ist, als würde dir die Erde ihre Fülle und Stabilität anbieten, indem sie dir ihre Kraft als Licht zur Verfügung stellt. Gehe zu dem Lichtfleck, und stelle dich darauf. Augenblicklich strömt die Kraft der Erde in dich ein und rückt dich innerlich zurecht. Spüre, wie deine Mittellinie gestärkt und stabilisiert wird, damit du dich neu ausrichten kannst. Du fühlst dich größer und aufrechter und wieder wie du selbst.

Während du bis eben das Gefühl hattest, neben dir zu stehen, bist du jetzt wieder auf angenehme und sichere Weise in deinem Körper verankert. Du weißt wieder, was du willst und was du brauchst. Mit diesem Wissen und dem guten Gefühl, mit dir selbst eins zu sein, gehst du durch dein Tor zurück in den Raum, in dem du dich befindest.

Nein sagen und Grenzen ziehen

Manchmal muss man einfach Nein sagen, sich abgrenzen und innerhalb der eigenen inneren vier Wände Kraft schöpfen. Egal, wie viel das Herz auch geben möchte, manchmal reicht die Kraft einfach nicht, und man muss sich um sich selbst kümmern. Das scheint für viele Menschen eine der schwierigsten Übungen überhaupt zu sein. Hier sind zwei innere Reisen, mit denen du zumindest auf energetischer Ebene Rückzugsmöglichkeiten finden kannst.

Die Lichtsäule zu nutzen, ist eine wirksame Art, dich selbst mit Energie zu versorgen. In dieser Meditation schützen wir die Lichtsäule zusätzlich und schließen sie nach außen hin ab. Wo immer du gehst und stehst, wann immer du dich bedrängt fühlst – tritt in die Lichtsäule ein, schließe hinter dir ab, und niemand wird dich energetisch ausrauben oder attackieren können. Es ist sinnvoll, gerade dieses Bild öfter zu üben, denn es ist eine der leichtesten und wirkungsvollsten geistigen Schutzübungen.

Die zweite innere Reise führt dich in deine Innenwelt, die hier durch ein Haus symbolisiert wird. Du kannst unliebsame Besucher einfach bitten, zu gehen, und dir dein inneres Haus so einrichten, wie es dir gefällt. Ein Zaun hilft dir, dich abzugrenzen. Nutze diese innere Reise besonders dann, wenn andere zu selbstverständlich davon ausgehen, dass du für sie da bist.

Die Lichtsäule

Du liegst oder sitzt ganz bequem und erlaubst dir, zu träumen. Du entspannst dich mehr und mehr, wirst leichter und freier, friedlich und ruhig.

Du befindest dich in einer natürlich gewachsenen Landschaft. Vögel zwitschern, Blumen blühen, Wölkchen stehen am Himmel. Das Gras ist sehr grün, die Farben sind leuchtend, lebendig und voller Lebenskraft. Du spürst, wie du in dir selbst ankommst. Vielleicht seufzt du dabei auf, vielleicht entspannt sich dein Gesicht mehr und mehr.

Auf einmal, du weißt nicht, woher er kommt, spannt sich ein großer Regenbogen über diese Landschaft. Er vibriert vor lauter Energie; er leuchtet und strahlt, wie du es noch nie bei einem Regenbogen gesehen hast. Du kannst genau die Stellen erkennen, an denen er die Erde berührt. Gehe nun auf einen der Berührungspunkte zu.

Schon von Weitem spürst du die unglaubliche Energie des Regenbogens, seine Leuchtkraft und seine pure Lebenskraft. Du erkennst, an welchen Stellen die verschiedenen Farben ineinander übergehen, denn dort scheint besonders viel Energie zu fließen. Du möchtest dich mitten in diesen leuchtenden Regenbogen hineinstellen. Jetzt bist du dort angekommen, wo er die Erde berührt. Strecke probeweise eine Hand oder einen Fuß in sein reines, pulsierendes Licht. Sofort durchströmt dich mehr Kraft, als du je für möglich gehalten hast.

Du zögerst anfangs noch ein wenig, doch dann entscheidest du dich, mit dem ganzen Körper in diesen Regenbogen hineinzutauchen. Du trittst mitten hinein in diese strahlende Säule aus Licht. Der Regenbogen verändert nun seine Form. Er richtet sich auf und wird zu einer stabilen Lichtsäule, die bis ganz nach oben hinein in das Einheitsbewusstsein reicht, bis in die Ebene, in der sich das ursprüngliche weiße Licht zum ersten Mal in die verschiedenen Strahlen teilt.

Spüre, in welcher Farbe du dich am wohlsten fühlst. Die Lichtsäule ist so groß, dass du entscheiden kannst, welche Energie dich heute durchströmen darf. Vielleicht möchtest du auch alle Farben durchprobieren. Tanze im Regenbogen, nimm alle Farben in dich auf, und spüre diese pure Kraft.

Wenn du es möchtest und das Gefühl hast, Schutz zu benötigen, dann stelle dir jetzt vor, dass sich eine dicke Glasscheibe um diese strahlende Lichtsäule legt. Es ist zentimeterdickes Panzerglas, vollkommen undurchdringlich und vielleicht sogar nach außen hin verspiegelt, damit du sicher und geschützt bist. Niemand kann diese farbige Lichtsäule jemals betreten, wenn du es nicht ausdrücklich erlaubst.

Vielleicht fühlt es sich noch besser an, wenn du einen dunklen Schutzfilm um die Lichtsäule legst oder einen Zaun ziehst – alles, was dir Sicherheit und Schutz gibt, ist erlaubt. Vielleicht willst du auch ein paar Schutzengel bitten, außen Position zu beziehen – tue genau das, was dich sicher und geborgen sein lässt.

Irgendwann fühlst du dich endlich wieder bei dir angekommen, voller Kraft und stabil. Komme nun mit deiner Aufmerksamkeit zurück in den Raum, in dem du dich befindest, nimm aber die Lichtsäule mit, und denke heute immer wieder an sie.

Der weiße Gartenzaun

Atme ein paarmal tief durch, entspanne dich, so gut dir das heute möglich ist, und erlaube dir, nichts mehr zu tun. Alles, was dich jetzt noch beschäftigt, kannst du dir wie in ein kleines Päckchen verpackt vorstellen. Du legst deine Gedanken und Gefühle hinein, verschnürst es fest und stellst es vor die Tür. Du gehörst jetzt ganz dir, dies ist deine Zeit.

In einiger Entfernung bemerkst du ein Haus. Es ist ein Haus, das du schon kennst oder ein Haus, das dir fremd ist, vielleicht ist es wunderschön, oder es ist eine windschiefe Kate. Gehe auf das Haus zu, und schaue, wie es aussieht. Sind Türen und Fenster verschlossen, oder stehen sie offen? Sieht das Häuschen einladend aus, vielleicht sogar so einladend, dass jeder ein und aus geht, wie es ihm gerade gefällt? Welchen Eindruck macht es auf dich, möchtest du gern dort wohnen?

Tritt ein, und schaue dich um. Wie fühlst du dich? Gibt es genug Raum und Licht? Ist es gemütlich oder ein wenig verwahrlost? Sind viele Menschen anwesend? Kannst du jemanden erkennen?

Es wird nun Zeit, ein bisschen darin aufzuräumen. Bitte zunächst alle Personen, das Haus zu verlassen. Es ist dein Haus, und du darfst entscheiden, wer dich besucht und wie lange derjenige bleibt. Wenn jemand nicht gehen möchte, sage ihm, er soll in sein eigenes Haus gehen. Die meisten Leute wissen einfach nicht, dass sie selbst ein inneres Zuhause haben. Erklärst du ihnen das, wirfst du sie nicht hinaus, sondern schickst sie nach Hause, das ist etwas vollkommen anderes.

Nun bist du allein. Stelle dir einen Zauberstab vor. Du hältst ihn in der Hand und berührst das Haus überall dort, wo du es anders haben möchtest: sauberer, gemütlicher, heller, vielleicht größer, vielleicht auch kleiner und kuscheliger. Gehe durch alle Räume, auch in den Keller und auf den Dachboden. Nutze deinen Zauberstab überall. Richte dich hier häuslich ein, mache es dir ganz bequem, und erschaffe dir dein eigenes inneres Zuhause. Nimm dir so viel Zeit dafür, wie du brauchst. Vielleicht möchtest du dir zunächst auch nur ein Zimmer einrichten. Vergiss die Küche nicht, vielleicht möchtest du einen offenen Kamin, und du brauchst sicher einen gemütlichen Sessel, Bücher, Blumen …

Nun verlasse das Haus, und schaue dir dein Grundstück an. Ist es schön angelegt, hast du einen Garten, oder ist alles platt getrampelt von all den Menschen, die ungehindert ein und aus gegangen sind? Nimm wieder den Zauberstab, und erschaffe dir deinen Traumgarten. Vielleicht möchtest du einen Park, vielleicht einen kleinen Wald, vielleicht auch nur ein paar Blumen. Gestalte es dir genau so, wie es für dich richtig ist.

Und nun kommt das Wichtigste: Zaubere dir einen schönen, großen, weißen Gartenzaun. Er hat ein Tor, das du hinter dir verschließen kannst, wenn du allein sein und nicht gestört werden möchtest. Der Zaun ist so hoch und stabil, dass du dich dahinter völlig sicher und geschützt fühlen kannst. Bringe an dem Tor eine Klingel und ein Namensschild an, damit jeder sieht, dass das Haus bewohnt ist. Niemand kann einfach kommen und gehen, wie er will. Jetzt muss jeder klingeln und warten, bis du ihm das Tor öffnen möchtest. Du hast auch das Recht, es nicht zu öffnen, wenn du nicht gestört werden willst. Dann hängst du einfach ein »Bitte nicht stören«-Schild an den Zaun.

Schaue dir nun das Haus und den Zaun von außen an. Ist alles so, wie du es dir gewünscht hast? Fühlst du dich nun sicher in diesem Haus? Ist es ein Haus, das du gern bewohnst und das dir entspricht?

Wie geht es dir jetzt? Hast du Schuldgefühle, weil du dir einen Zaun geschaffen hast? Vergiss nicht, dass jeder ein eigenes Haus hat, du brauchst niemandem Asyl zu gewähren. Erinnere ihn oder sie einfach daran. Spüre die Ruhe und die Kraft, die dir dieser Zaun schenkt. Von nun an kannst du sofort die Tür hinter dir schließen, wenn dir zu viele Menschen begegnen oder etwas von dir wollen. Auch wenn du spürst, dass du allzu bereitwillig »Hier« rufen möchtest, wenn es etwas zu tun gibt, hänge in Gedanken das »Bitte nicht stören«-Schild an den Zaun, und denke erst einmal in Ruhe nach, ob du wirklich helfen möchtest. Trinke eine Tasse Tee in deinem Haus, und nimm dir die Zeit, zu spüren, was du wirklich bereit bist, zu tun.

Es ist dein Leben. Die Zeit und die Aufmerksamkeit, die du jemandem widmest, sind immer ein Geschenk, nichts, worauf jemand einen Anspruch hat.

Komme nun in aller Ruhe zurück in den Raum, in dem du dich befindest. Nimm die Stabilität und das Gefühl der Selbstbestimmung mit in deinen Alltag, und erinnere dich von nun an immer an diese Kraft.

Dein kostbarstes Gut:

Deine Gesundheit

Wie wichtig unsere Gesundheit ist, bemerken wir oft erst, wenn wir uns nicht gut fühlen. Das darf auch so sein, denn »Gesundheit« bedeutet ja, dass wir innerlich frei sind, unser Leben ohne (gefühlte) körperliche, emotionale und geistige Einschränkungen zu gestalten. Ob wir uns gesund fühlen oder nicht, hängt sehr davon ab, wie wir uns selbst wahrnehmen.

Die folgende Meditation hilft dir, deine Gesundheit zu stärken und dir selbst das zu geben, was du heute brauchst. Du kannst sie täglich als Unterstützung für dein Immunsystem anwenden. Mit dem inneren Bild des goldenen Balls kannst du jede gewünschte Energie in deinen Körper fließen lassen: Gesundheit, Gelassenheit, Frieden, Freude, Liebe.

Die zweite Meditation wirkt wie ein homöopathisches Mittel. Sie gibt dir genau die Informationen, die du zur Heilung brauchst. Es genügt, dich zu öffnen und die Information in alle Zellen hineinfließen zu lassen. Sei gespannt, was Mutter Erde für dich zusammenbraut!

Der goldene Ball

Du liegst oder sitzt ganz bequem und erlaubst dir, zu träumen. Du entspannst dich mehr und mehr, wirst leichter und freier, friedlich und ruhig.

In deiner Hand liegt ein kraftvoller, goldener Ball. Er leuchtet und strahlt mehr als alles, was du bisher gesehen hast. Du spürst, wie warm und angenehm er sich anfühlt. Jetzt beginnt auch deine Hand, golden zu leuchten.

Entscheide nun, welche Energie dieser Ball haben soll. Vielleicht brauchst du Gesundheit, vielleicht aber auch etwas anderes, was dir guttut. Wenn du es nicht weißt, bitte deinen Schutzengel, die Kugel mit der Energie zu versorgen, die dir jetzt guttut. Dazu ist es nicht einmal nötig, dass du an deinen Schutzengel glaubst, bitte ihn einfach trotzdem darum.

Halte nun den goldenen Lichtball vor deinen Solarplexus, vor den Magen, und sieh, wie er in deinen Körper hineinströmt. Jetzt befindet sich der goldene Lichtball in deinem Körper. Er füllt nun deinen Magen aus, vielleicht spürst du schon seine Wärme. Wenn dein Magen ganz warm und golden ist, rollt der Ball weiter. Er rollt in deine Brust, in deinen Hals und in deine Arme. Du fühlst den Ball in jedem deiner Körperteile, auch im Kopf, am Rücken und in den Händen. Er rollt weiter den Bauch hinunter in die Beine und Füße. Überall dort, wo der Ball war, wird dein Körper leicht, warm und golden, er gibt dir neue Kraft und Energie. Lasse ihn nun dahin rollen, wo du Schmerzen hast oder dich nicht wohlfühlst.

Gleich fängt die goldene Kraft an, den schmerzenden Körperteil zu heilen und zu beruhigen. Es wird an den Stellen wärmer oder kühler, je nachdem, was dir angenehmer ist.

Dein Körper wird heller und leichter, die Farben verändern sich, und du beginnst, dich immer besser zu fühlen. Der Lichtball wird ein bisschen größer und ein bisschen heller, er strahlt jetzt mit voller Kraft. Das ist sehr angenehm. Du spürst, wie du dich noch mehr entspannst und immer ruhiger wirst. Vielleicht wirst du müde, vielleicht aber auch ein bisschen wacher, je nachdem, was im Moment besser für dich ist.

Nun bitte den Ball, zu der Körperstelle zu rollen, die seine Kraft am nötigsten braucht. Dies funktioniert auch, wenn du selbst nicht genau weißt, wo das ist. Er rollt jetzt in den Körperteil, in dem du am meisten Kraft benötigst.

Kannst du spüren, wo das ist? Erlaube deinem Körper, den Ball zu rufen, und denke nicht darüber nach, ob der Ball auch an die richtige Stelle rollt. Dein Körper weiß besser als dein Verstand, was er braucht, denn um ihn geht es ja.

Irgendwann ist dein ganzer Körper golden und warm. Jetzt kannst du den goldenen Ball wieder loslassen oder ihn im Körper behalten, je nachdem, was dir lieber ist. Komme nun durch dein Tor zurück in den Raum, in dem du dich befindest.

Wann immer du dich nicht gut fühlst, kannst du den Ball bitten, in dich hineinzuströmen. Er hat jedes Mal genau die Kraft und Energie, die du brauchst, selbst dann, wenn du nicht weißt, was das sein könnte.

Öffne dich für Mutter Erde,
und lasse deine Energie
frei fließen.

Deine persönliche Medizin –

von Mutter Erde speziell für dich

Du liegst oder sitzt ganz bequem und erlaubst dir, zu träumen. Du entspannst dich mehr und mehr, wirst leichter und freier, friedlich und ruhig.

Vor deinem inneren Auge entsteht ein Tunnel, ein gut beleuchteter Gang, der ins Erdinnere führt. Der Boden besteht aus festgestampfter Erde oder aus schonem, glattem Stein, und du kannst ihn ganz leicht entlanggehen. In langen Kurven und Spiralen führt dich der Gang immer weiter in die Erde hinein, und du fühlst dich weiterhin sicher und geschützt.

Ein sanftes Licht erhellt den Tunnel, sodass du entspannt und wie im Traum tiefer und tiefer unter die Erde gehen kannst. Das Licht wird rötlich und sehr warm, du fühlst dich, als kehrtest du in den Schoß einer liebenden Mutter zurück. Nun spürst du vielleicht ein kribbelndes Gefühl von Liebe und Lebendigkeit. Je näher du dem Erdinneren kommst, desto wohler und geborgener fühlst du dich.

Irgendwann weitet sich der Tunnel zu einer Höhle. Die Höhle sieht sehr gemütlich aus, ist warm und schön eingerichtet. Es gibt einen stabilen Tisch aus Holz und solide wirkende Stühle. In der Mitte der Höhle brennt ein Feuer. Dieses Feuer kommt direkt aus dem Erdinneren, es reicht bis in den tiefsten Kern von Mutter Erde. Über dem Feuer hängt ein Kessel, dessen Inhalt leise vor sich hin brodelt.

Eine sehr gütig aussehende Frau kommt auf dich zu, und du weißt sofort: Das ist Gaia, die Hüterin der Erde. Vielleicht wunderst du dich, dass sie wie ein Mensch aussieht, aber sie sagt, das sei ihre Gestalt, wenn sie Besuch von Menschen bekommt. Sie ist für jedes Lebewesen der Erde das, was es benötigt. Und für dich ist sie eine liebevolle Mutter. Sie schaut dich an, und du erzählst ihr, was dir fehlt und wie es dir geht. Wenn du nicht genau sagen kannst, was das ist, dann schaut sie dir sanft in die Augen und weiß es auch so.

Sie geht nun zu ihrem Kessel und beginnt, darin zu rühren. Sie schließt die Augen, und auf einmal erscheinen wie aus dem Nichts Kräuter, Edelsteine, Lichtfunken, Wurzeln und vielleicht auch die Lichtwesen von Pflanzen und Mineralien. Es entstehen sogar Farben oder bestimmte Symbole. Beobachte, wie all diese Zutaten ihre Energie in den Kessel hineinströmen lassen. Vielleicht fallen sie tatsächlich in den Kessel, vielleicht siehst du aber auch, wie sie Lichtenergie und Lebenskraft abgeben. Alle Informationen, die dein Körper und dein Geist jetzt brauchen, um gesund zu werden, fließen hier zusammen. Die Schätze und Kräfte der Erde vereinen sich zu genau der Energie, die dir jetzt fehlt. Gaia summt, während sie rührt. Du spürst, dass dieser Ton alle Energien zu einer einzigen für dich jetzt wichtigen Information vereint.

Irgendwann scheint dieser Prozess abgeschlossen zu sein, denn sie hört auf, zu rühren. Sie fragt dich, auf welche Weise du ihre Medizin zu dir nehmen willst. Du kannst sie trinken, vielleicht willst du sie auch als eine kleine Pille bekommen. Es kann sein, dass es genügt, wenn sie dir die Information in deine Aura fächelt, aber wahrscheinlicher ist es, dass du sie körperlich zu dir nehmen musst. Du weißt, auf welche Weise die Information heute* zu dir gelangen soll. Es ist genau richtig, denn dein Körper weiß genau, was er braucht.

Sie gibt dir nun die Medizin auf die für dich heute richtige Weise. Vielleicht spürst du, wie dich bereits Kraft durchströmt, vielleicht wirst du erst recht müde oder spürst gar nichts. Sei dir sicher, dass die Information, die du zur Heilung brauchst, in dir angekommen ist und wirkt.

Gaia hält dir nun ihre Hand hin, und du gibst ihr etwas, von dem du vermutlich gar nicht wusstest, dass du es mit dir herumschleppst. Es ist eine Bürde, die du ab jetzt nicht mehr brauchst. Sie wirft die Bürde ins Feuer, und du weißt, sie fällt bis in den heißesten Kern von Mutter Erde. Dort wird sie restlos verbrannt.

Bleibe so lange bei ihr am Tisch sitzen, bis du spürst, dass es Zeit ist, wieder nach oben zu gehen. Danke ihr, verabschiede dich, und gehe den Tunnel zurück. Schon bald siehst du das Licht, das dir zeigt, dass du an der Erdoberfläche angekommen bist.

Komme zurück in den Raum, in dem du dich befindest. Ruhe dich nun aus, erlaube der Erdmedizin, zu wirken, und schlafe dich gesund!

---

* Das kann jedes Mal, wenn du diese innere Reise durchführst, anders sein.

Die Kraft der inneren Mitte

Wie du Unsicherheit überwindest

Fühlst du dich manchmal überfordert? Würdest du dich ab und zu gern zurückziehen, kannst nicht immer in deiner Kraft bleiben und angemessen reagieren? Natürlich bist du groß, stark und erwachsen, aber manchmal …

Immer wenn du dich unsicher fühlst, immer wenn du deine Mitte verlierst und zu viel auf dich einstürmt, kannst du diese zweiteilige Meditation anwenden. Sie gibt dir den Raum, wieder zu dir zu kommen, deine eigene Wahrheit zu spüren und innerlich ruhig zu werden. Es passiert so rasch, dass wir uns fühlen, als stünden wir neben uns. Energetisch ist es auch so: Wir verlassen unsere Mitte und damit unsere Klarheit, unser tiefes Gefühl für das, was uns guttut und was uns schadet.

Der erste Teil der Meditation dient der Rückkehr in deine geistige Klarheit, der zweite Teil holt dich zurück in deine physische Mitte.

Der sichere Raum

Teil eins: Lichtkraft

Du liegst oder sitzt ganz bequem und erlaubst dir, zu träumen. Du entspannst dich mehr und mehr, wirst leichter und freier, friedlich und ruhig.

Du befindest dich auf einer großen Wiese. Hier steht ein uralter, riesiger Baum, ein Baum, der dir schon beim Ansehen Sicherheit und Stärke vermittelt.

Gehe zu dem Baum, und lehne dich an seinen Stamm. Auf einmal öffnet er sich für dich. Du befindest dich nun im Inneren des Baumes. Hier ist es ganz anders, als du erwartet hast, viel größer und heller. »Das ist ein besonderer Platz«, sagt eine tiefe, angenehme Stimme, »es ist ein magischer Schutzort. Ich sehe von außen nur aus wie ein Baum, damit niemand diesen Ort erkennt.« Du schaust dich dankbar um und fühlst dich bereits jetzt vollkommen sicher.

Eine Treppe führt dich nach oben, immer höher im Inneren des Baumes. Der Baum kommt dir nun vor wie eine Art Turm. Du fühlst dich sehr geborgen und weißt, dass dich hier niemand findet, es sei denn, du wünschst es.

Das Licht ist weich und wird immer heller, je weiter du nach oben kommst. Auf einmal stehst du in einem wunderschönen Zimmer. Es ist rund, und die Wände sind verglast, aber es ist so weit oben, dass niemand hineinschauen kann. Hier oben ist alles genau so, wie du es liebst.

In deinem Zimmer gibt es alles, was du dir wünschst. Du darfst hier genau so sein, wie du bist, und spürst dich selbst sehr deutlich. Hier lenkt dich nichts ab, hier bist du ganz allein mit dir und deiner Energie. Richte dir den Raum so ein, wie du es willst. Vielleicht gibt es hier einen Platz, an dem du liegen kannst, vielleicht gibt es bequeme Sitzgelegenheiten. Hier kannst du dich jederzeit ausruhen, Kraft schöpfen und dich zurückziehen, wo auch immer du dich gerade im Außen befindest.

Den Baum umgibt ein magischer Schutzschild. Durch ihn kann nichts hindurch, was nicht vollkommen liebevoll und gut ist, weder durch die Tür noch durch die Fenster.

Ruhe dich aus, solange du willst, verbringe einfach ein bisschen Zeit mit dir, und sei dir sicher, dass du dich in ein paar Minuten wieder viel besser spüren kannst.

Wenn du genug hast, verabschiede dich von dem Raum, danke dem Baum, und steige die Treppe wieder hinunter. Du bemerkst eine kleine Tür im Stamm, durch die du den Baum verlassen kannst.

Lehne dich noch einmal an seinen Stamm, nimm seine Kraft in dich auf, und komme dann mit deiner Aufmerksamkeit zurück in deinen Körper und den Raum, in dem du dich befindest. Nimm die Stille, die Kraft und die Selbstverständlichkeit, mit der du deine Wahrheit spürst, mit in deinen Alltag!

Teil zwei: Wurzelkraft

Du liegst oder sitzt ganz bequem und erlaubst dir, zu träumen. Du entspannst dich mehr und mehr, wirst leichter und freier, friedlich und ruhig.

Du befindest dich auf einer großen Wiese. Hier steht ein uralter, riesiger Baum, ein Baum, der dir schon beim Ansehen Sicherheit und Stärke vermittelt.

Gehe zu dem Baum, und lehne dich an seinen Stamm. Auf einmal öffnet er sich für dich. Du befindest dich nun im Inneren des Baumes. Hier ist es ganz anders, als du erwartet hast, viel größer und heller. »Das ist ein besonderer Platz«, sagt eine tiefe, angenehme Stimme, »es ist ein magischer Schutzort. Ich sehe von außen nur aus wie ein Baum, damit niemand diesen Ort erkennt.«

Du schaust dich dankbar um und fühlst dich bereits jetzt vollkommen sicher.

Eine kleine Treppe führt dich nach unten in die Wurzeln des Baumes. Das Licht wird weicher und wärmer, und es riecht nach Erde und Moos. Du fühlst dich immer geerdeter und stabiler. Es wird noch wärmer, das ist sehr angenehm, denn die Wärme durchströmt dich und gibt dir Kraft. Auf einmal stehst du in einer Höhle, in der ein Feuer brennt, und du weißt, du bist sicher und geschützt. Es ist ein magisches Feuer, es wärmt und heilt dich zugleich, es durchströmt dich mit liebevoller, mütterlicher Kraft.

Du fühlst dich sehr sicher in dieser Höhle, und du weißt, dass niemand dich hier finden kann. Hier unten ist alles ein bisschen anders; hier unten weißt du viel besser, was du willst und was gut für dich ist. Hier unten in deiner Höhle gibt es alles, was du dir wünschst. Du spürst dich selbst viel deutlicher als sonst, hier stört dich niemand, und es wird nichts von dir erwartet. Hier darfst du ganz und gar so sein, wie du bist; hier brauchst du niemandem zu gefallen, hier brauchst du keine Masken zu tragen.

Den Baum umgibt ein magischer Schutzschild. Durch ihn kann nichts hindurch, was nicht vollkommen liebevoll und gut ist, weder durch die Tür noch durch die Fenster. In dieser Höhle bist du vollkommen sicher und geborgen, und das spürst du auch. Du kannst dich entspannen und aufatmen, hier kann dir nichts passieren.

Wenn du willst, kannst du mit dem Baum reden, er gibt dir vielleicht Antworten auf dringende Fragen. Er ist alt und weise wie ein väterlicher Ratgeber und Freund. Probiere es aus, stelle ihm eine Frage, und schaue, was geschieht. Vielleicht bekommst du ein Symbol, ein inneres Bild, einen Satz oder ein Wort von ihm. Vielleicht schwirrt dir auf einmal eine Melodie durch den Kopf, dann achte auf den Text des Liedes, er enthält vielleicht eine Botschaft.

Ruhe dich aus, solange du willst, verbringe einfach ein bisschen Zeit mit dir, und sei sicher, dass du dich in ein paar Minuten wieder viel besser spüren kannst.

Wenn du genug hast, verabschiede dich von der Höhle, danke dem Baum, und steige die Treppe wieder hinauf. Du bemerkst eine kleine Tür im Stamm, durch sie kannst du den Baum verlassen.

Lehne dich noch einmal an seinen Stamm, nimm seine Kraft in dich auf, und komme dann mit deiner Aufmerksamkeit zurück in deinen Körper und den Raum, in dem du dich befindest. Nimm die Stille, die Kraft und die Selbstverständlichkeit, mit der du deine Wahrheit spürst, mit in deinen Alltag!

Wenn du überfordert bist
oder zu viel arbeitest:

Lasse los, was nicht zu dir gehört

Wird dir langsam alles zu viel? Hast du den Eindruck, dass dir jeder nur noch mehr Arbeit aufhalst und dass du nicht mehr weißt, wo dir der Kopf steht? Spürst du ebenfalls, dass du genug davon hast?

Die erste Meditation rückt die Dinge wieder zurecht. Sie zeigt dir, was du noch in deinem Leben haben willst und was nicht. Du kannst sie immer dann anwenden, wenn dir alles über den Kopf wächst, immer dann, wenn das Leben in seinen Ansprüchen maßlos zu werden droht.

Die zweite innere Reise ist ein wenig länger und verschafft dir eine Auszeit, in der du Kraft tanken und dich mit deinem inneren Fließen und deiner Hingabe an dich und an das Leben verbinden kannst. Wenn du einmal alle Anspannung loslässt und dich dem Fluss deiner Wahrnehmung und deiner Intuition anvertraust, kommst du womöglich auf ganz neue Ideen für dich und dein Leben.

Mit mehreren Bällen jonglieren

Du sitzt oder liegst ganz bequem und atmest tief durch.

Vor deinem inneren Auge siehst du eine prachtvoll ausgestattete Varietébühne mit fantasievollen Stoffen und farbigen Lichtspots. Licht in deinen Lieblingsfarben fällt genau in die Mitte der Bühne, und du betrittst sie voller Vorfreude und Zuversicht. Du verneigst dich vor deinem Publikum und erhältst donnernden Applaus.

Öffne deine Hände. Ein Helfer wirft dir einen goldenen Ball zu, und du fängst ihn geschickt auf. Er fühlt sich sehr gut in deiner Hand an; er ist dir vertraut und in diesem Moment genau richtig für dich. Dein Helfer wirft dir den nächsten Ball zu, und du beginnst, gekonnt und sicher mit den beiden Bällen zu jonglieren. Es macht dir großen Spaß. Die Bälle glitzern im Licht, und du weißt genau, was du zu tun hast. Schaue zu deinem Helfer, er wirft dir den nächsten Ball zu. Auch dieser fühlt sich vertraut an, nicht zu schwer und nicht zu leicht, immer noch genau richtig. Du wirfst auch ihn in die Luft und jonglierst nun mit drei Bällen. Nach einer Weile wird dir das ein bisschen zu langweilig, und du forderst mit einem Blick den nächsten Ball an.

Dann den nächsten und den nächsten und den nächsten. Nun ist das Jonglieren schon richtig anstrengend, du verlierst den Überblick und weißt nicht mehr, was du eigentlich tust. Du hältst die Bälle nur noch irgendwie in der Luft. Aus allen Richtungen fliegen nun weitere Bälle auf dich zu, sogar aus dem Publikum, und du versuchst, sie aufzufangen und in der Luft zu halten.

Du wirst sehr unruhig, und die altbekannte Angst, überfordert zu sein, steigt in dir hoch. Du spürst, dass es zu viel ist, du denkst, dass du es nicht schaffen kannst, aber du bemühst dich mehr und mehr.

Doch dann wechselt das Licht auf einmal. Weiches, goldenes Licht fließt nun zu dir herab; es ist kein Spot mehr, sondern eine Säule aus Licht, ein sehr beruhigender und heilsamer Lichtstrom, der dich besänftigt und dich tief entspannt.

Du hältst inne und lässt alle Bälle zu Boden fallen. Nun erkennst du, dass nicht alle Bälle golden glitzern, manche haben auch andere Farben oder sind sogar stumpf und grau. Du atmest tief auf, als du erkennst, dass das gar nicht deine Bälle sind, die du da so angestrengt in der Luft gehalten hast. Erlaube dir, in der Lichtsäule Kraft zu tanken und dich ganz und gar von diesem weichen Licht durchströmen zu lassen.

Irgendwann nimmst du den ersten goldglitzernden Ball wieder auf, wirfst ihn probehalber hoch – und er beginnt zu schweben. Die Lichtsäule hält ihn, ohne dass du etwas dafür zu tun brauchst. Du nimmst auch die anderen Bälle, wirfst sie in die Luft – doch es sind nur die goldenen, die schwerelos werden, alle anderen fallen wieder zu Boden. Ganz deutlich spürst du auf einmal, wofür die Bälle stehen, die zu Boden gefallen sind. Du spürst jetzt ganz genau, welche deine Bälle, deine Angelegenheiten und deine Aufgaben sind und welche nicht. Erlaube dir, die Bälle nicht mehr aufzuheben, sondern kicke sie einfach aus dem Strom des Lichtes hinaus. Sie gehören nicht zu dir, du brauchst sie nicht in der Luft zu halten, es sind nicht deine Angelegenheiten.

Du wirfst jetzt die Bälle, die in der Luft schweben, noch weiter nach oben; du wirfst sie dir selbst in wunderschönen Mustern immer wieder zu und freust dich wie ein kleines Kind über die spannenden Kombinationen. Gerade weil die Lichtsäule die Bälle hält, wirst du sehr erfinderisch und wirfst die schönsten Figuren. Die Bälle fliegen immer höher hinauf, und immer kommen sie noch glitzernder, noch leuchtender zu dir zurück. Genieße das Spiel mit deinen Möglichkeiten, solange du willst.

Wenn du genug hast, verlasse die Bühne, und komme zurück in den Raum, in dem du dich befindest. Schreibe auf, welche Bälle, welche Angelegenheiten, zu dir gehören und welche nicht mehr die deinen sind, damit du es nicht vergisst.

Mit Delfinen schwimmen

Du sitzt oder liegst ganz bequem und erlaubst dir, zur Ruhe zu kommen. Es gibt nichts mehr zu tun. Stelle dir vor, dass du alles, was dich jetzt noch belastet, in ein kleines Päckchen verpackst und vor die Tür stellst. Atme auf, und lasse dich immer tiefer in den Entspannungszustand sinken; erlaube der Außenwelt, sich nun für eine Weile ohne dich weiterzudrehen.

Richte deine Aufmerksamkeit nach innen, auf deine Innenwelt, die Welt des Fühlens und deiner ureigenen Kraft. Es ist wichtig für dich, in deine eigenen Tiefen zu sinken, um Lebensenergie schöpfen und zur Ruhe kommen zu können. Hier, tief in dir, findest du die Kraft, mit der du deinen Alltag meisterst. Hier, tief in dir, begegnest du deiner eigenen Leichtigkeit, deiner Stille und deinem ganz eigenen Zauber.

Du bist in einer zauberhaften Unterwasserlandschaft. Wie durch ein Wunder kannst du auch unter Wasser atmen. Tiefes Blau und strahlendes Türkis durchströmen dich augenblicklich, und es fällt dir sehr leicht, in deine eigene innere Tiefe hinabzutauchen. Die Sonnenstrahlen fallen in das Wasser und durchglitzern es sanft, gerade so, dass du dich sicher und geborgen, wie schwerelos fühlen kannst.

Dein Körper ist leicht und geschmeidig, so frei wie vielleicht nie zuvor. Lasse dich einfach treiben, vorbei an bunten Korallen, an wunderschönen Seeanemonen, die sich in der Strömung wiegen. Bunte Fische schwimmen um dich herum, ein silbrig glitzernder Schwarm blinkt auf, wechselt die Richtung und verschwindet wieder. Du erkennst den Boden unter dir, in sanften Wellen breitet sich der weiße Sand vor dir aus.

Du sinkst tiefer, ganz leicht, berührst den sandigen Grund und spürst seine Festigkeit und Stabilität. Schimmernde Muscheln liegen vor dir, sie sind geöffnet, denn sie wissen, dass du nur Zuschauer bist, nur wahrnimmst. Sie schimmern rosa und perlmuttfarben, und sie erinnern dich an deine eigene Verletzlichkeit. Du denkst, dass auch du wie diese Muscheln Schalen hast, die du vielleicht viel zu fest verschließt.

Öffne dich langsam immer mehr, so, wie die Muscheln, und spüre dein eigenes, zartes Inneres. Hier, in dieser fließenden, strömenden Landschaft, bist du mit allem, was in dir lebt und durch dich gelebt werden will, sicher und willkommen. Und es scheint fast so, als lächelten die Muscheln dir wissend zu.

Aus einiger Entfernung strömt nun eine Welle von Liebe und Freude auf dich zu. Dein Herz weitet sich, und etwas in dir löst sich auf, ganz einfach; es wird von der türkisblauen Strömung fortgeschwemmt.

Es sind Delfine, die auf dich zuschwimmen, so, als wollten sie dich begrüßen. Ihre Körper gleiten wie schwerelos durch das Wasser, sie scheinen vor Freude, dich zu sehen, zu tanzen. Sie schwimmen um dich herum und nehmen dich in ihre Mitte. Genieße ihre Anwesenheit, die Kraft, die von ihnen ausgeht, die Leichtigkeit und die tiefe Weisheit.

Ohne etwas zu tun, entspannst du dich mehr und mehr, du bist einfach bei ihnen und spürst ihre Lebenskraft. Ganz von allein steigert sich deine Lebensfreude. Ganz von allein strömen Leichtigkeit und Inspiration in dich hinein, nur dadurch, dass du Zeit mit den Delfinen verbringst. Sie kommen dir so nah, wie es dir angenehm ist, und wenn du es erlaubst, dann berühren sie dich sehr sanft. Alles geschieht genau so, wie es für dich am besten ist. Das kühle, angenehme Wasser umschmeichelt deinen ganzen Körper, und du entspannst dich immer mehr, lässt immer mehr los. Ganz wie von selbst entspannen sich dein Gesicht, dein Nacken und deine Zehen.

Die Delfine blubbern nun Luftblasen in das Wasser, wie Seifenblasen steigen sie auf, formen Figuren und Muster, Spiralen und Achten. Spielerisch und leicht sieht das aus, und auf einmal weitet sich dein Herz vor Glück.

Du weißt plötzlich, dass die Schöpfung aus reiner Freude geschah, dass alles, was auf dieser Erde lebt, aus purer Lebensfreude und Liebe geschaffen wurde. Die Delfine formen nun große Kreise aus Luftblasen und schwimmen hindurch. Es scheint, als führten sie dir zu Ehren und zur Freude ein Theaterstück auf. Auf einmal wirken sie wie Seejungfrauen, geschmeidig, anmutig und wunderschön, frei und voller Vertrauen und Lebensfreude. Du fühlst dich verzaubert und glücklich, tief verbunden mit diesen Wesen und allem, was lebt. Die Delfine hüllen dich in eine glitzernde Fontäne aus Luftblasen, die dich am ganzen Körper kitzeln. Das ist sehr angenehm, und du spürst dich und deinen Körper als das freudige, lebendige Wesen, das er ist.

Die Delfine schwimmen nun weiter, und du lässt dich im Wasser treiben und dahin führen, wohin die Strömung dich trägt. Vielleicht verwandelst du dich selbst in ein Meereslebewesen, in eine Seejungfrau, in einen Wal, oder willst du spüren, wie es ist, ein Hai zu sein? Hier unten kannst du alles sein und dich selbst ausprobieren. Neue Impulse und Ideen entfalten sich in dir, während du dich treiben lässt.

Verweile in dieser türkisglitzernden Unterwasserlandschaft, solange du willst. Auch wenn du es noch nicht bewusst bemerkst, bekommst du machtvolle Inspirationen aus der Welt des Wassers. Du bekommst ein Gefühl dafür, in welchen Lebensbereichen du dich dem Fluss des Lebens noch vertrauensvoller hingeben darfst, in welchen du dich anpassen darfst und in welchen du mit ein paar kräftigen Schwimmzügen die Richtung ändern solltest. Du spürst: Ab und zu musst du einfach in deine Tiefen tauchen und dich in der türkisglitzernden Welt des Wassers treiben lassen.

Nach einer Weile entscheidest du dich, wieder aufzutauchen. Du kannst jederzeit in die Welt der Delfine und Meerjungfrauen zurückkehren.

Jetzt wird das Sonnenlicht, das durch die Wasseroberfläche fällt, heller, das Wasser wird wärmer, und der Sandboden steigt an. Erhebe dich, und verlasse das türkisblaue Meer.

Tief entspannt atmest du auf. Dir wird bewusst, dass du die Dinge gelassener und leichter angehen kannst und dass auch du zum unendlich großen Meer des Lebens und der Möglichkeiten dazugehörst.

Komme nun zurück in deinen Körper, in den Raum, in dem du dich befindest. Recke und strecke dich ein bisschen, ruhe dich noch ein wenig aus, und nimm wahr, wie frisch und munter, befreit und lebendig du dich fühlst.

Sei dir bewusst,
dass du zum unendlich
großen Meer des Lebens und
der Möglichkeiten dazugehörst.

Das Zuhause des Inneren Kindes

Fantasiereisen in wunderbare Traumländer unternehmen, mit deinem Schutzengel sprechen, mit Elfen, Engeln und Einhörnern spielen – all das kann dein Inneres Kind bereits. Aber vielleicht kommt es bei all den Ansprüchen, die es im Alltag erfüllen muss, nicht mehr dazu, deine innere Welt mit seinem Lachen zu erfüllen. Das Innere Kind ist der Teil in uns, der sehr verletzlich und in emotionaler Hinsicht unbestechlich ist. Es ist häufig ungeheuer verletzt. Je schwerer es verletzt ist, desto deutlicher meldet es sich in unserem Alltag, um erneute Verletzungen zu vermeiden.

Das, was viele Menschen für den Verstand halten, der ihnen spannende und aufregende neue Ideen ausreden will, ist in Wahrheit oft das Innere Kind, das Angst hat, zu versagen und verletzt zu werden. Wenn wir nie gelernt haben, dass wir im positivsten Sinne erwachsen sind und deshalb unsere eigenen freien Entscheidungen treffen können, versucht unser Inneres Kind auch heute noch, es jedem recht zu machen, damit es nicht wieder verlassen und beschämt wird. Es versucht, unsere Erwachsenenangelegenheiten zu regeln, und kann dabei nur überfordert werden. Es schreit, wenn es nicht genug Aufmerksamkeit bekommt, wird trotzig, unliebsam und quengelig. Oft meldet es sich, wenn wir etwas tun, was uns sowieso nicht gefällt.

Alles, was dein Inneres Kind braucht, ist deine Aufmerksamkeit und sein sicheres Zuhause in deinem

Inneren. Hier ist eine Meditation, die du immer anwenden kannst, wenn du eine schwierige Aufgabe übernehmen und viel Verantwortung tragen musst. Immer wenn wir überfordert sind und uns am liebsten wie ein Kind auf den Boden werfen würden, hat sich unser Inneres Kind in Aufgaben eingemischt, die mit ihm nichts zu tun haben. Es kann nicht anders, wenn wir ihm nicht zeigen, wo es in uns spielen kann und für immer sicher und geborgen sein darf.

Dein Inneres Kind hat bereits ein Zuhause in deiner inneren Landschaft, ihr beide wisst nur noch nichts davon. Es ist ein Ort, an dem du ihm liebevoll begegnen kannst und wo es sich sicher und geborgen fühlt. Was bietet sich dafür besser an als ein Zaubergarten?

Die zweite innere Reise stärkt deinen Inneren Erwachsenen. Das ist jener innere Anteil, den du im Gehirn in dem sogenannten präfrontalen Cortex findest. Im Medizinrad liegt er dem Inneren Kind genau gegenüber. Es ist für dein Leben sehr heilsam, wenn du deine Entscheidungen mithilfe des Inneren Erwachsenen triffst, statt die Vermeidungshaltung des Inneren Kindes zur Grundlage deiner Handlungen zu machen. Der Innere Erwachsene ist von Haus aus bewusst, er kann klar denken, er kann unterschieden, was zu dir gehört und was nicht, und er ist in der Lage, vernünftige, kluge und kreative Lösungen für die Herausforderungen deines Lebens zu finden und umzusetzen. Er ist weniger verletzlich als das Innere Kind und dadurch in der Lage, bewusste und sinnvolle Entscheidungen zu treffen sowie die Verantwortung für die Folgen seiner Entscheidungen zu tragen. Deshalb lässt er dich selbstbestimmt und innerlich frei sein.

Wenn du dir die Macht des Inneren Erwachsenen einmal vorstellen willst, denke an Pippi Langstrumpf. Warum kann sie sich ihre Welt so machen, wie sie ihr gefällt? Weil sie machtvoll ist! Sie hat Geld, und sie hat einen sehr starken Körper. Sie ist somit unabhängig von allen anderen. Geld steht für die Möglichkeiten, sich das, was sie braucht, aus eigener Kraft zu beschaffen, der starke Körper dafür, dass sie sich verteidigen und für sich selbst einstehen kann. Sie verkörpert im Gegensatz zu einem von anderen Menschen abhängigen Kind ihre eigene Sicherheitszone, und deshalb ist sie frei.

Vielleicht wunderst du dich, dass ich Pippi Langstrumpf als Synonym für das Erwachsensein anführe. Doch wahres, echtes Erwachsensein bedeutet, herangereift und im Vollbesitz der eigenen Kräfte zu sein. Ein echter, gereifter Erwachsener kann und wird sich so verhalten, wie es seiner eigenen Innenwelt und damit seiner Wahrheit entspricht, weil er in der Lage ist, die Konsequenzen seines Verhaltens zu tragen. Wie Pippi Langstrumpf. Sie ist kein Kind, denn sie ist nicht abhängig von anderen. Sie sorgt für sich selbst, weil sie es kann, und das ist das Merkmal des wahren Erwachsenseins.

Der Zaubergarten des Inneren Kindes

Du liegst oder sitzt ganz bequem und erlaubst dir, zu träumen. Du entspannst dich mehr und mehr, wirst leichter und freier, friedlich und ruhig.

Schaue dich in aller Ruhe in deiner wunderschönen inneren Landschaft um. Es gibt einen Pfad, laufe ihn friedlich entlang.

Auf einmal entdeckst du ein kleines Kind. Vielleicht kennst du das Kind schon, vielleicht nicht. Achte besonders darauf, ob es dich erkennt und ob es auf dich zukommt. Dieses Kind ist womöglich sehr verletzt, es kann auch sein, dass es friedlich mit Tieren auf einer Wiese oder im Wald spielt, in dem es sich befindet. Wenn es mit dir spricht, frage das Kind, was es braucht. Wenn nicht, setze dich einfach in seine Nähe, und gib ihm Zeit, dich kennenzulernen.

Nimm das Kind in die Arme, wenn du möchtest und wenn es das zulässt. Sage ihm: »Ich bin jetzt da. Ich sehe dich, ich höre dich, und ich nehme dich wahr. Ich glaube dir.«

Sage ihm, dass du einen wunderbaren Ort kennst, nämlich sein Zuhause in deiner inneren Welt. Es ist ein Zaubergarten, in dem seine tiefsten und geheimsten Wünsche und Sehnsüchte erfüllt werden, in dem es behütet und geschützt ist, nie wieder allein oder einsam sein muss. An diesem Ort wird es nie wieder verletzt werden, es darf sich endlich entspannen und bekommt, was es braucht.

Gehe zusammen mit dem Kind den Weg durch deine wunderschöne innere Landschaft weiter. Der Weg ist magisch, er weiß, wohin er dich führen soll. Du fühlst dich wie in einem besonders geheimen Teil deiner inneren Landschaft, und so ist es auch. Auf einmal kommst du an ein Tor. Ein Wächter steht davor, er ist groß und machtvoll.

»Was möchtest du?«, fragt er dich, und du antwortest: »Ich bringe mein Inneres Kind nach Hause.«

Augenblicklich öffnet sich das Tor, und du betrittst den schönsten Garten, den du je gesehen hast: einen Ort voller Liebe, Heilung und Geborgenheit. Dein Inneres Kind hüpft begeistert hinter dir her, vielleicht ist es auch vorausgerannt.

Der Zaubergarten ist wunderschön, hier findest du alles, was das Herz deines Inneren Kindes begehrt. Ein großes Lichtwesen tritt auf dich zu. Es begrüßt dich und das Kind sehr liebevoll und sagt dir: »Ich bin der Hüter dieses Ortes. Bei mir ist dein Inneres Kind sicher. Es bekommt hier alles, was es braucht. Du kannst mir vertrauen. Es wohnt hier, hier ist sein Zuhause. Von hier aus erfüllen sein Lachen und sein Gefühl, geliebt zu werden, deine ganze Innenwelt.«

Das Lichtwesen berührt dein Inneres Kind, und du spürst, wie geborgen und geliebt es sich dadurch fühlt. Du siehst sogar, wie die Lasten, die es für andere getragen hat, von ihm abfallen.

Schaue dich im Zaubergarten um. Hier ist wirklich alles so, wie es dein Inneres Kind braucht. Es gibt sogar Tiere, mit denen es spielen kann. Auf einmal bemerkst du eine Hütte, ein Baumhaus, ein Zelt oder sogar ein kleines Schloss oder eine Höhle. Das ist das Zuhause deines Inneren Kindes. Hier kann es sich ausruhen und sich zurückziehen, wenn es das will.

Nimm wahr, wie sehr es dich erleichtert, dass dein Inneres Kind nun ein ideales, sicheres Zuhause in deiner inneren Welt hat, in dem es bekommt, was es braucht, behütet und genährt wird.

Mache dir noch einmal bewusst: Das Zuhause des Inneren Kindes befindet sich in dir, in deiner Innenwelt. Von hier aus kann das Innere Kind nun seine Freude und Leichtigkeit in dein Leben hineinstrahlen lassen.

Wann immer du bemerkst, dass dein Inneres Kind Verantwortung für eine schwierige Situation übernehmen will, wann immer dieses hilflose und verzweifelte Gefühl kommt, kannst du es in den Zaubergarten schicken und den Hüter des Gartens bitten, für das Kind zu sorgen.

Komme nun zurück in den Raum, in dem du dich befindest. Recke und strecke dich, und sei ganz zuversichtlich. Du hast einen Schutzraum für den verletzlichsten, liebevollsten Teil deines Selbst gefunden.

Den Inneren Erwachsenen kennenlernen

Mache dir bewusst, dass der Innere Erwachsene der Teil in dir ist, der dafür sorgt, dass die anderen Anteile Spaß haben können und dabei in Sicherheit sind.

Du gehst ein wenig in deiner inneren Landschaft spazieren, fühlst dich wohl und entspannt. In einiger Entfernung bemerkst du ein Lagerfeuer, das fröhlich vor sich hin prasselt. Du gehst auf das Feuer zu und erkennst, dass es gehütet wird. Eine Gestalt, die du noch nicht genau erkennen kannst, kümmert sich um das Feuer, legt Holz nach, achtet darauf, dass es immer brennt, nicht zu groß wird und nicht zu klein. Die Gestalt bemerkt dich und schaut dich an. Du brauchst kein Gesicht zu erkennen, du weißt einfach, dass sie dich anschaut. »Setze dich zu mir, und sei mir willkommen«, hörst du auf einmal eine Stimme sagen, vielleicht ist es auch nur ein Gedanke, den dir diese Gestalt schickt.

Du bemerkst, dass ein Platz für dich vorbereitet wurde. Dieser Platz ist sehr gemütlich, genau so, wie du es dir am liebsten an einem Feuer bequem machst: mit einem Stuhl, einer Decke oder mit ein paar Kissen. Es ist genau richtig für dich, und du erlaubst dir, dich ans Feuer zu setzen. Augenblicklich entspannst du dich, lässt dich vom Feuer wärmen und schaust in die Flammen. Die Gestalt setzt sich zu dir, und du spürst ihre Kraft, ihre Ruhe, ihre Gelassenheit. Es kommt dir in den Sinn, dass du dich am liebsten für einen Moment an sie anlehnen würdest, und du bemerkst, wie müde du bist. Dein Leben zu meistern, jeden Tag neue Entscheidungen zu treffen, neuen Herausforderungen zu begegnen, das ist anstrengend. Als könne sie deine Gedanken lesen, rückt die Gestalt ein wenig näher zu dir. »Ruhe dich aus«, sagt sie mit einer sehr angenehmen Stimme. »Lasse mich deinen Alltag meistern, ich kann das, ich bin dein erwachsener Anteil. Ich hüte dieses Feuer, damit du dich ausruhen kannst, wenn du hierherkommst. Ich kann aber noch viel mehr, denn dafür habe ich Helfer. Ich kann für dich da sein, ich kann dein Leben mitgestalten und zum Gelingen bringen. Das ist meine Aufgabe. Ich kann all das für dich tun, was du selbst für dich nicht tun kannst, weil es dich überfordert oder dir Angst macht. Lasse mich dir ein Beispiel zeigen.«

Auf einmal zeigt sich dir, während du weiter in die Flammen schaust, eine Szene aus deinem Alltag. Eine Szene, in der du dich unsicher oder überfordert gefühlt hast, nicht wusstest, wie du agieren sollst, erstarrt warst, dich angegriffen fühltest oder am liebsten geflüchtet wärst.

Du fühlst dich tatsächlich, als wärest du wieder in dieser Situation. Plötzlich, wie von selbst, erscheint die Gestalt, die du am Feuer kennengelernt hast, in dieser Alltagsszene. »Jetzt passe auf«, flüstert sie dir zu, dann strömt sie in dich hinein. Wie von Zauberhand geführt, fühlst du dich stärker, klarer, aufrechter. Und wie durch Zauberkraft kannst du auf einmal ganz anders reagieren als bisher, selbstbewusst, eindeutig, klar und dennoch mitfühlend. Schlichtweg erwachsen und angemessen. Es ist, als ermöglichst du durch deine innere Haltung und durch deine Präsenz auch allen anderen, die an dieser Situation beteiligt sind, ihr Bestes zu geben. Deine Kraft gibt den anderen den Raum, sich selbst auf völlig neue Weise zu erleben, und so entstehen auch völlig neue Ergebnisse.

Du nimmst die Veränderungen ganz deutlich wahr, dann verschwindet das Bild wieder, und du schaust nur in die Flammen. Du triffst eine Entscheidung. Diese Kraft möchtest du von nun an in deinem Leben haben.

»Wie kann ich dich denn rufen?« fragst du, und die Gestalt am Feuer lacht. »Komme einfach hier ans Feuer, und bitte mich, für dich da zu sein – am besten immer dann, wenn du Verantwortung tragen und erwachsen reagieren willst. Also zum Beispiel jeden Morgen, bevor du zur Arbeit gehst. Wenn du mir jetzt die Erlaubnis gibst, in deinem Leben zu wirken, erinnere ich dich daran, mich wirken zu lassen, wenn du es einmal vergisst.«

Du nickst, ja, du gibst dem Erwachsenen in dir gern die Erlaubnis, dein Leben zu meistern – fehlt er doch schon so lange in vielen wichtigen Situationen. »Es wird sich einiges ändern, wenn ich wirke«, sagt die Gestalt. »Ich stehe im Dienst des Lebens und der Wahrheit, dessen, was durch dich gelebt werden will.« Du nickst wieder. Es wird Zeit, dass du dein Leben selbstbestimmt in deine Hände nimmst.

Auf einmal lodert das Feuer hoch auf, als wolle es euren Bund besiegeln. Ruhe strömt in dich ein, Frieden und Gelassenheit. Und für diesen Moment ist alles gut. Du spürst, dass du dein Leben von nun an auf neue Weise meistern wirst. Mit diesem Gedanken stehst du auf, verlässt still das Feuer und kehrst durch dein Tor in den Raum zurück, in dem du dich befindest.

Es kann gut sein, dass du jedes Mal eine andere Gestalt wahrnimmst, denn auch dein Innerer Erwachsener hat viele Facetten. Möglicherweise aber ist es auch immer dieselbe Gestalt – erlaube deinen inneren Bildern, so zu sein, wie sie sind.

Innere Räume der Stille

Gehe in dir selbst spazieren

Es gibt in dir einen Raum, in dem immer Frieden herrscht, egal, was passiert. Es ist ein Raum, der tiefer mit deinem Herzen verbunden ist als deine Gefühle, der näher mit deiner Seele in Kontakt steht, als es dein Verstand je könnte. Um diesen Raum zu erfahren, werde still, und gehe in dir selbst spazieren. Vielleicht verbirgt er sich am Rande des Seerosenteiches oder hinter einem blühenden Rosenstrauch. Du erkennst ihn erst, wenn du dich darin aufhältst. Lasse dich selbst los, und erlaube, dass dieser innere Raum dich zu sich zieht.

Die folgenden inneren Reisen geben dir die Gelegenheit, dich zu entspannen und still zu werden, damit sich der Raum des inneren Friedens in dir entfalten kann.

Der Rosenpavillon

Du liegst oder sitzt ganz bequem, entspannst dich mehr und mehr, wirst leichter und freier, friedlich und ruhig. Es gibt nun nichts mehr zu tun, du kannst dir erlauben, dich auszuruhen, die Gedanken fließen zu lassen, die Gefühle sein zu lassen, wie sie gerade sind.

Tauche tiefer hinab in deine innere Welt. Sage dir leise Danke, Danke dafür, dass du dich so gut um dich kümmerst, dass du dir diese Zeit für dich nimmst und Kraft aus dem Raum der Stille in dir schöpfen willst. Erlaube dir, zu träumen.

Träume dich hinein in eine wundervolle Parklandschaft. Es ist sehr früh am Morgen, die Sonne ist noch nicht aufgegangen. Die Vögel beginnen gerade, zu zwitschern, und der Mond steht noch hell am Himmel. Die letzten Sterne blinken, doch am Horizont kannst du den neuen Sommertag bereits erahnen. Hier wachsen riesige, sehr gepflegte Bäume mit gewaltigen Blätterdächern, die teilweise bis auf den Boden reichen. Eine große Rotbuche scheint dich zu rufen. Schiebe einige dicht belaubte Zweige zur Seite, und tritt hinein in ihren zartgrünen Schutzraum. Die Rotbuche hat einen riesigen Stamm, und die Wurzeln bieten dir eine bequeme Sitzgelegenheit. Setze dich hin, und lehne dich an den Stamm. Auf einmal spürst du, wie alles von dir abfällt, was dich bis jetzt noch belastet hat. Es ist, als würden die Wurzeln des Baumes alles Negative aufsaugen und in die Erde hineinfließen lassen. Spüre, wie die Kraft des Baumes auch in dir zu wirken beginnt. Das ist ein ganz natürlicher Zustand, und es gibt nichts für dich zu tun, lehne einfach an dem Stamm, und genieße seine Kraft und Stabilität.

Durch die Zweige hindurch beobachtest du, wie sich die Sonne langsam zeigt, zartrosa schiebt sie sich immer höher, bis du sie in ihrer vollen Pracht wahrnehmen kannst. Rote und rosa Streifen erscheinen am Himmel, und du bist auf einmal sehr glücklich, ein Teil dieser wundervollen, zauberhaften Natur zu sein, ein Teil der Erde, die sich dir in all ihrer Farbenpracht zeigt.

Stehe nun auf, und gehe weiter. Eine kleine schmiedeeiserne Pforte liegt vor dir. Öffne sie, und gehe hindurch. Saubere, geharkte Wege winden sich durch prachtvoll angelegte Rosenbeete. In allen Farben schimmern und leuchten die Rosen, einige sind bereits voll erblüht, andere öffnen sich gerade.

Nimm den köstlichen Duft der Rosen wahr, er berührt dich tief, weckt eine Sanftheit und Zartheit in dir, von der du vielleicht nicht einmal mehr wusstest, dass sie in dir lebt. Du streichst über einige Blütenblätter und bist überrascht, wie kühl, fest und glatt sie sich anfühlen. Still und voller Glück über diese Schönheit gehst du den Weg weiter entlang und gelangst zu einem kleinen Pavillon.

Er ist vollkommen mit weißen Rosen überrankt, und du fühlst dich auf einmal wie in einem Märchen. Atme tief auf, und erinnere dich daran, warum du hier bist und warum die Erde ein wundervoller Ort im Universum ist.

Der Teil in dir, der viel zu viel arbeitet und sich anstrengt, kommt auf einmal zur Ruhe und entspannt sich. Erlaube dir, immer mehr von dieser Harmonie und Schönheit in dich aufzunehmen. Du spürst, dass die Natur bereits vollkommen ist, ohne dass du etwas hinzufügen musst, und auf einmal kommt dir der Gedanke, dass vielleicht auch du bereits viel vollkommener bist, als du das von dir annimmst. Tief aufatmend setzt du dich in einen kleinen Sessel, der im Pavillon steht. Es scheint, als hätte er nur auf dich gewartet. Es ist sehr still, du hörst nur die Vögel zwitschern, und die Luft ist erfüllt vom Duft der Rosen. Farben steigen vor deinem inneren Auge auf, die Farben der Rosen strömen in dich hinein, ihr Duft erfüllt jede deiner Zellen und weckt sehr sanft Kräfte in dir, von denen du bisher nichts gewusst hast. Das alles geschieht einfach so, nur dadurch, dass du da bist und den Duft der Rosen in dich aufnimmst.

Die liebevollen Naturwesen, die dich umgeben, erfüllen dich mit frischer Kraft und zupfen hier und da ein wenig deine Aura zurecht, ohne dass du es bemerkst und ohne dass du etwas dafür tun musst.

Ein sanfter Wind streicht durch deine Haare und schenkt dir einen Dufthauch. Einige kleine Vögel landen vor dir auf dem Boden und schauen dich mit schräg gelegten Köpfchen an. Sie beobachten dich genauso, wie du sie anschaust, sie scheinen dich in eurer gemeinsamen Welt zu begrüßen; dann fliegen sie weiter. Mehr und mehr fühlst du dich als Teil dieser wunderschönen Natur, nicht mehr nur wie ein Beobachter, sondern wie ein lebender, atmender, natürlicher Teil der Erde in all ihrer Fülle.

Du atmest noch einmal tief ein und aus und weißt plötzlich, dass du wie diese Rosen bist, wie die Vögel, wie der riesige Baum, du bist ein vollkommener Ausdruck der natürlichen Schöpferkraft. Du bist vollkommen in deiner Form und in deinem Wesen, du bist genau richtig, so, wie die Erde und die Natur dich brauchen.

Schaue dich noch einmal um, und spüre, wie das Gefühl des Glücks sich in dir ausbreitet. Du bist dankbar dafür, zu diesem großartigen Ausdruck von Lebendigkeit und Schönheit gehören zu dürfen.

Tief entspannt und bewegt gehst du den Weg zurück. Die aufsteigende Sonne begleitet dich, und in dir regt sich eine ganz neue Kraft, die fließend ist, die sich natürlich und gut anfühlt.

Lasse dir so viel Zeit, wie du benötigst, und komme zurück in deinen Körper, in den Raum, in dem du dich befindest. Recke und strecke dich vielleicht ein bisschen, ruhe dich noch ein wenig aus, und nimm wahr, wie frisch und munter, befreit und lebendig du dich fühlst.

Der Seerosenteich

Du liegst oder sitzt ganz bequem, kommst mehr und mehr zur Ruhe. Es gibt nichts mehr zu tun, du darfst dir vorstellen, dass du alles, was dich jetzt noch belastet, in ein kleines Päckchen verpackst und vor die Tür stellst.

Jetzt kannst du aufatmen, tiefer und tiefer in deine Innenwelt sinken. Es ist wichtig für dich, in deine eigenen Tiefen zu sinken, um Kraft zu schöpfen und zur Ruhe zu kommen. Hier, tief in dir, findest du die Kraft, die dir hilft, deinen Alltag zu meistern.

Hier, tief in dir, begegnest du deiner eigenen Leichtigkeit, deiner Stille und deinem ganz eigenen Zauber.

Atme tief auf. Ein Funken von Freude und Leichtigkeit steigt in dir auf, es gibt nichts mehr zu tun. Träume dich auf eine Blumenwiese. Wundervolle, bunte Blumen blühen, Schmetterlinge tanzen von Blüte zu Blüte. Vögel zwitschern, im Hintergrund plätschert ein kleiner Bach. Die Farben und der Duft der Wiesenblumen beleben dich.

Du gehst einen kleinen Pfad entlang, der sich durch die Blumenwiese windet. Knorrige, alte Obstbäume stehen am Wegesrand. Sie tragen reife Früchte, Äpfel, Birnen und Pflaumen. Wenn du willst, pflücke dir eine Frucht, beiße hinein, und nimm ihre köstliche Frische wahr.

Fröhlich und eins mit dir und der Natur gehst du langsam weiter. Dein Weg führt nun an dem kleinen Bach entlang. Hinter jeder Biegung überrascht dich die Farbenpracht der Wiese aufs Neue. Dort wiegen sich blaue Glockenblumen und zartes Wiesenschaumkraut in einer sanften Brise, Margeriten nicken mit ihren Köpfen. Das kraftvolle Gelb der Butterblumen wechselt ab mit dem leuchtenden Rot des Klatschmohns. Spüre, wie du immer leichter und freier wirst. Fast fühlst du dich wie ein glückliches Kind, unbeschwert und frei.

Der Weg führt dich nun über eine Waldlichtung, zartblaue Veilchen blühen im Moos. Erlaube der Stille und der Sanftheit der Natur, dein Herz zu berühren und dich zu öffnen, genau so, wie das jetzt für dich richtig ist und dir guttut. Du überquerst die Lichtung, verfolgst den Lauf des Baches – und bleibst auf einmal stehen.

Vor dir liegt ein See. Weiße und rosa Seerosen blühen darauf, und der Himmel spiegelt sich im Wasser. Es herrscht Stille, vollkommene Ruhe. An der Stelle, an der der Bach in den See mündet, ist das Wasser noch bewegt, doch in der Mitte des Sees liegt er spiegelglatt und ruhig vor dir. Du kannst auf seiner Oberfläche jedes auch noch so kleine Wölkchen erkennen, die Bäume, die am Rand des Sees stehen, die Vögel, die über ihn hinwegziehen. Es herrschen Stille und Frieden.

Setze dich an den Rand des Sees, und erlaube der Stille, dich zu umgeben. Unendliche Weite und Freiheit spiegeln sich in dem See. Etwas in dir wird berührt und atmet auf. Es gibt nichts zu tun, und du erlaubst der Stille, dich noch tiefer zu entspannen. Die Seerosen sind voll erblüht, sie liegen offen vor dir und präsentieren sich in ihren zarten Farben. Beinahe kannst du Elfen darin erkennen. Das Blau des Himmels, das Rosa und Weiß der Seerosen, das Grün der Seerosenblätter und der Bäume verschmelzen zu einer Sinfonie von Weichheit, Zartheit und Freiheit. Du spürst den Frieden und die Stille, die Leichtigkeit und die Sanftheit der Natur und bist tief berührt.

Eine einzelne, etwas dunklere Wolke zieht über den See und wirft genau in der Mitte des Sees einen Schleier aus weichem Regen über ihn. Die Tropfen fallen auf die glatte Oberfläche und kräuseln sie, während der See an anderen Stellen weiterhin vollkommen ruhig daliegt. Es ist nur eine Frage deiner Aufmerksamkeit, ob du nun die ruhige oder die bewegte Oberfläche wahrnimmst.

Alles geschieht gleichzeitig, und du schaust zu. Die Sonne glitzert im weichen, sprühenden Regen, es scheint, als wäre er aus Diamanten gewirkt; in tausend Farben funkelt und strahlt der See. Du würdest dich nicht wundern, wenn Elfen und Feen in diesem wundervollen Kristallregen tanzten.

Kraftvoll und sanft zugleich strömen alle Farben des Regenbogens in dich ein, das Funkeln belebt dich und gibt dir genau die Kraft, die du jetzt brauchst. Irgendwann zieht die Wolke weiter. Bedanke dich still bei ihr, wenn du es möchtest. Bleibe noch eine Weile sitzen, und nimm die Schönheit und Stille in dich auf.

Irgendwann gehst du den Weg zurück, vollkommen ruhig und erfüllt von der Harmonie und der Schönheit des Sees.

In deiner Zeit entscheidest du dich, nun mit dieser neuen Kraft zurückzukehren in den Raum, in dem du dich befindest. Richte deine Aufmerksamkeit auf deinen Körper und von da aus immer weiter nach außen, nimm die Geräusche wahr, die dich umgeben, recke und strecke dich, und atme tief durch. Jetzt oder in wenigen Minuten bist du wieder vollkommen im Hier und Jetzt. Du fühlst dich entspannt, ruhiger und friedlicher als zuvor, so, wie das jetzt für dich richtig ist.

Die Macht deiner Selbst-bestimmung

Kennst du das Gefühl, völlig energielos und zu keiner Entscheidung fähig zu sein, wie abgeschnitten von der eigenen Kraft? Wahrscheinlich kennst du es nur zu gut, oder? Was wäre, wenn das alles nur ein Irrtum wäre? Was wäre, wenn wir uns nur deshalb kraftlos fühlten, weil wir unsere wahre Kraft und Unabhängigkeit gar nicht ertragen könnten? Vielleicht haben wir keine Kraft, weil wir Angst davor haben, dass uns unser Selbstbild um die Ohren fliegt, wenn wir unsere wahre Größe erst einmal zugelassen haben. Dann können wir kein Opfer mehr sein und uns nie wieder hinter unserer Schwäche verstecken. Wenn wir unsere Kraft zulassen, müssen wir Farbe bekennen und Verantwortung für unsere Entscheidungen übernehmen. Und wer möchte das schon?

Meistens fühlen wir uns schwach und müde, wenn es um Entscheidungen geht, die uns mit unserer Co-Abhängigkeit konfrontieren, mit unserer Angst, vom anderen nicht mehr geliebt oder geschätzt zu werden. Wir trauen uns nicht, unsere Tatkraft zu nutzen, wir haben Angst vor unserer Lebendigkeit, vor unserer Wut, vor unserer sexuellen Kraft. Immer dann, wenn wir uns kraftlos fühlen, gelähmt und unfähig, das, was wir in uns spüren, in die Tat umzusetzen, wird es Zeit, den inneren Tiger zu treffen. Dazu dient die erste innere Reise.

Die zweite innere Reise führt dich nach einer Reinigung in einen Thronsaal, wo du deine Krone erhältst. Sie dient als Zeichen dafür, dass du der König oder die Königin in deinem eigenen Reich bist.

Der Tiger deiner Kraft

Du sitzt oder liegst ganz bequem und erlaubst dir, dich auszuruhen. Lockere bewusst alle Muskeln, vor allem die im Nacken, im Gesicht und an den Füßen.

Vor deinem inneren Auge entsteht nun ein dichter, dunkelgrüner Urwald. Riesige Orchideen wachsen hier, wunderschöne Pflanzen mit großen Blättern. Bunte Schmetterlinge und flirrende Kolibris tanzen von Blüte zu Blüte. Die Luft ist erfüllt vom feuchtwarmen Duft all dieser Blumen. Du bahnst dir deinen Weg durch dieses Dickicht und fühlst dich sehr abenteuerlustig. Staunend betrachtest du all die fremden Pflanzen und Tiere, dringst immer tiefer in diese grüne Fülle ein.

Auf einmal spürst du aus einiger Entfernung eine unbändige Welle von Kraft auf dich zukommen. Vielleicht bist du nun ein bisschen aufgeregt, aber du fühlst dich weiterhin sicher und geborgen. Irgendetwas zieht dich an und belebt dich. Die Kraft wird noch stärker, gerade so, dass du sie im Moment noch gut aushalten kannst. Du bleibst in der Entfernung stehen, die jetzt richtig für dich ist. Du spürst die ungeheure Kraft sehr intensiv. Die Kraftwelle erfasst dich, und du fühlst dich lebendiger als je zuvor. Beschwingt gehst du den Urwaldpfad weiter. Stärker und stärker wird die Energie. Jetzt spürst du sie auch körperlich. Du nimmst genau wahr, wo sie in deinem Körper wirkt. Vielleicht schlägt dein Herz auf einmal schneller, vielleicht beginnt dein Körper, zu kribbeln. Nun ist diese Kraft schon sehr nah gekommen. Du weißt, dass du gleich dem Träger dieser Energie gegenüberstehen wirst, und bist ziemlich aufgeregt.

Du hörst ein Krachen im Unterholz, Vögel flattern erschrocken auf – und vor dir steht plötzlich ein riesiger Tiger, das kraftvollste Raubtier, das du dir überhaupt vorstellen kannst. Du bleibst wie angewurzelt stehen. Dein Herz klopft nun noch schneller, doch du spürst, dass dieser Tiger auf deiner Seite ist. Noch kannst du seine schier unendliche Kraft nicht fassen, sie überwältigt dich nahezu. Du bist fasziniert, und irgendetwas an diesem kraftvollen Tier zieht dich wie magisch an.

Der Tiger schaut auf, nur wenige Sekunden, dann senkt er den Blick wieder und wartet. Du beschließt, das Raubtier zu berühren. Strecke vorsichtig eine Hand aus, und lege sie sanft auf seinen Kopf. Der Tiger hält vollkommen still – und auf einmal überkommen dich eine so unbändige Lebensfreude und tiefe Liebe zu diesem Tier, dass du alle Vorsicht vergisst. Du weißt einfach, dass dieser Tiger für dich da sein und dich unterstützen will. Er hebt den Kopf und drückt ihn gegen deine Hand. Du umarmst ihn, und auf einmal kugelt ihr gemeinsam auf dem Boden herum und spielt miteinander. Du spürst die kraftvolle, aber beherrschte und äußerst achtsame Energie des Tigers, und du weißt, dass dir seine Kraft nie schaden wird. Mehr und mehr öffnest du dich, mehr und mehr erlaubst du der Energie des Tigers, in dich hineinzuströmen, so lange, bis du dich völlig eins mit ihm fühlst.

Irgendwann habt ihr genug miteinander gespielt. Der Tiger legt sich auf den grünen Urwaldboden, und du schmiegst dich an ihn. Noch nie hast du dich so geborgen und sicher gefühlt. Du fragst den Tiger, ob er dir mit seiner Kraft zur Seite stehen will, und er schaut dich nur an. Das ist meine Bestimmung, scheint er zu sagen, und du entspannst dich noch tiefer. Mit diesem

Tiger an deiner Seite wirst du dich nie wieder als Opfer fühlen, das weißt du auf einmal. Du öffnest dich noch einmal für seine Kraft und erlaubst dir selbst, genau so viel in dich einströmen zu lassen, wie es jetzt richtig für dich und deinen Körper ist.

Irgendwann spürst du, dass es für diesen Moment genug ist. Verabschiede dich von deinem Tiger, und wisse, dass er dir jederzeit mit seiner Kraft zur Seite steht. Wenn du willst, bitte ihn, auch dann zu kommen, wenn du wie gelähmt bist und ihn nicht rufen kannst. Denn manchmal brauchst du ihn vielleicht gerade dann, wenn du nicht mehr in der Lage bist, dich an ihn zu erinnern. Streichle ihm noch einmal über den Kopf, und verlasse dann den Urwald.

Der Wald versinkt vor deinem inneren Auge. Atme tief durch, und komme langsam zurück ins Hier und Jetzt. Deine Aufmerksamkeit richtet sich auf deine Atmung, dann auf deinen Körper, auf die Unterlage, auf der du sitzt oder liegst. Recke oder strecke dich ein bisschen. Du bist hellwach und voller lebendiger, selbstbestimmter Kraft.

Deine Krone der Freiheit

Du sitzt oder liegst ganz bequem, sinkst immer tiefer und beginnst, zu träumen.

Deine Innenwelt zeigt sich dir als wunderschöne, lebendige Natur. Ein gewundener Pfad führt dich zu einem Fluss. Glitzernd windet er sich durch die Landschaft. Du erkennst einen Landungssteg, ein kleines Boot liegt da, und es scheint, als warte es auf dich.

Du gehst zu dem Landungssteg und steigst in das Boot. Das fällt dir ganz leicht. Sachte wiegt es dich auf den Wellen. Voller Vertrauen legst du dich in das Boot hinein, denn du weißt, dass der Fluss dich tragen wird. Es ist sehr bequem; der Boden des Bootes ist weich gepolstert. Überall liegen Kissen in wunderbaren Farben. Es ist ein Boot wie für einen König oder eine Königin, und es leuchtet in deinen Lieblingsfarben. Ein goldener Baldachin hält die Sonnenstrahlen ab, sodass du dich im sanften Licht entspannen kannst. Das Boot wiegt dich weiterhin sanft, während die Strömung es den Fluss hinunterträgt, und du entspannst dich noch tiefer. Das alles erscheint dir seltsam vertraut, und du genießt das Wiegen und das weiche Licht. Nach einer kleinen Weile legt das Boot an, und du steigst aus.

Du wirst von einem liebevollen Wesen in Empfang genommen, es freut sich sehr, dich zu sehen, und heißt dich willkommen. Es führt dich zu einem Tempel oder einem Palast, und auf einmal weißt du, dass das dein eigener Palast, dein eigener Tempel ist. Er ist wunderschön und genau in den Farben errichtet, die du liebst. Du bist vielleicht ein wenig erstaunt, dass du einen eigenen Palast, einen Tempel besitzt, aber tief in dir fühlt er sich sehr vertraut an.

Du betrittst deinen Palast, deinen Tempel, und du erkennst ihn wieder. Glücklich schaust du dich um. Du spürst, dass du hier zu Hause bist. Zwei weitere Wesen erscheinen und führen dich in einen wunderbar geschmückten Raum. Sie bitten dich, deine Kleidung abzulegen.

Du wirst in ein wunderbar duftendes Bad geführt. Das warme, weiche Wasser wäscht alles aus dir heraus, was dir nicht mehr entspricht. Es scheint magisch zu sein, denn es umspült dich, und du spürst, wie du auch innerlich rein wirst. Du wirst gesalbt und mit duftenden Ölen massiert, bis dein ganzer Körper so entspannt ist wie noch nie zuvor. Auf einmal weißt du, dass das eine Vorbereitung auf ein ganz besonderes Ereignis ist, und du bist sehr gespannt und freudig erregt. Du hast schon so lange darauf gewartet, ohne zu wissen, was es sein könnte.

Du erhältst ein Gewand, das genau deiner Seelenenergie entspricht. Du spürst auf einmal so deutlich wie nie zuvor, mit welcher Bestimmung du auf die Erde gekommen bist. Vielleicht ist es wie ein Elfen- oder Feenkleid, vielleicht eher ein schamanisches Gewand, vielleicht fühlst du dich darin wie ein Engel, wie ein Krieger, sowohl kraftvoll und stark als auch weich und hingebungsvoll. Es ist genau das richtige Gewand für dich.

Du wirst in einen anderen Raum geführt, der Fußboden ist wunderbar glatt und leuchtet in den schönsten Farben der edelsten Steine. Blaue Saphire, rosa Rosenquarze, dunkelrote Rubine und durchscheinende Diamanten bilden ein wunderbares Muster, das du bereits irgendwoher kennst. Du weißt genau, was zu tun ist, und du beginnst, zu tanzen. Es ist ein sehr machtvoller Tanz. Er bringt dich intensiv mit dir selbst in Kontakt. Du erlaubst deinem Körper, sich ganz und gar der Musik hinzugeben, und wieder fühlt es sich vertraut an, als hättest du den Tanz lange geübt. Du tanzt das Muster auf dem glänzenden Fußboden.

Irgendwann beendest du den Tanz. Du bist jetzt ganz und gar bei dir, nimmst jede feine Regung in dir wahr und bist mit all dem Wissen deiner Seele verbunden.

Du wirst in den nächsten Raum geführt, es ist ein wunderbarer, reich geschmückter Saal. Tausend Kerzen verbreiten goldenes Licht, ein roter Teppich liegt aus, der zu einem Thron führt. Es ist dein Thron, und du schreitest über den Teppich auf ihn zu. Setze dich auf den Thron. Ein gleißender Lichtstrahl erfüllt den Saal mit vibrierender Lebenskraft, und ein Wesen erscheint in dem Lichtstrahl. Du kennst es sehr genau. Es lächelt dich liebevoll und freudig an und sagt: »Willkommen in deinem Leben.« In den Händen hält es ein Samtkissen, darauf liegt eine wunderschöne Krone, die schönste, die du je gesehen hast. Sie ist wie für dich geschaffen, drückt genau die Kraft aus, die du tief in dir spürst. Das Wesen tritt auf dich zu, du neigst deinen Kopf, und das Wesen setzt dir die Krone auf. Energie durchströmt dich, und du spürst, dass du in deinem Leben regieren darfst. Du allein bist der Herrscher oder die Herrscherin über dein Leben. Du bekommst die Krone der Selbstbestimmung zurück.

»Ich kröne dich zum König, zur Königin deines Lebens«, sagt das Wesen. »Du darfst entscheiden, was du in deinem Leben haben willst und was nicht. Das ist dein Palast, dein Tempel, dein Leben auf der Erde, du hast es geschenkt bekommen, um es in Freiheit, Liebe und Freude zu feiern.«

Spüre die Kraft, die dich durchströmt, es sind Wissen und Mitgefühl, die aus der Krone in deinen Körper, in deinen Geist, in deine Seele fließen. Du weißt auf einmal, in welchen Bereichen du die Herrschaft über dein Leben wieder übernehmen darfst. Du weißt, was zu tun ist, und die Krone gibt dir die Kraft dazu. Du bist jetzt frei und kannst dein Leben selbstbestimmt und in Würde und Klarheit leben.

Du siehst nun vor deinem inneren Auge eine Situation, in der du dich bislang vielleicht verleugnet hast. Doch nun trägst du die Krone, und du kannst anders entscheiden. Nimm wahr, was du tust, wenn du aus deiner Kraft heraus handelst. Die Krone gibt dir die Möglichkeit dazu.

Du bist glücklich, kannst in Würde und frei handeln, wie du willst, so, wie es deinem Wesen entspricht. Du erkennst, wie dies zum Wohle aller Beteiligten beiträgt, wie auch andere auf einmal freier werden und sagen, was sie zu sagen haben, tun, was sie tun wollen. Die Krone verbindet dich mit der Schöpferkraft, mit dem, was die göttliche Kraft gemeint hat, als sie dich erschuf. Voller Freude, Klarheit und Leichtigkeit erhebst du dich von deinem Thron. Danke dem Wesen, und umarme es, wenn du möchtest. Dann verabschiede dich von ihm.

Komme nun zurück in den Raum, in dem du dich befindest, nimm die Geräusche wahr, die dich umgeben, spüre deinen Atem und deinen Körper. Du fühlst dich frisch und munter.

Du bist
der König oder die Königin
deines eigenen Reichs.

Veränderungen erlauben

Manchmal finden wir uns in Situationen wieder, die wir wirklich nicht noch einmal erleben wollen, aber wir haben keine Ahnung, wie wir sie vermeiden können. Dann ist es Zeit, zunächst zu kapitulieren und die Bühne zu verlassen, auch wenn wir noch nicht genau wissen, wie das neue Stück aussehen wird. Solange wir jeden Abend den gleichen langweiligen Kram spielen, kommen wir nicht dazu, ernsthaft darüber nachzudenken, wodurch wir dieses Trauerspiel oder Gefühlsdrama ersetzen könnten.

Deshalb wirst du in der ersten inneren Reise dein bisheriges Drehbuch aus der Hand legen und dir ein Neues schreiben lassen.

Die zweite innere Reise hilft dir, deine bisherigen Rollen abzulegen und dich selbst auf neue Weise zu erleben, gerade so, als würdest du ganz neu auf die Erde kommen.

Ein neues Drehbuch schreiben

Du liegst oder sitzt ganz bequem und beginnst, zu träumen.

Stelle dir eine Bühne vor, sie kann toll ausgestattet oder sehr karg sein, je nachdem, wie es deinem aktuellen Gefühl entspricht.

Bitte einen weisen inneren Freund zu dir, einen inneren Teil, der besser als du über deinen Seelenplan Bescheid weiß. Das kann ein Krafttier sein, eine Göttin oder ein Gott, es kann ein Lichtwesen sein oder ein Engel. Stelle dir einfach irgendjemanden vor, der einen größeren Überblick hat, egal, woran du glaubst oder nicht glaubst. Wenn du willst, dann bitte Mutter Natur oder den Schutzheiligen des Themas, um das es dir geht, in den Zuschauerraum.

Jetzt nehmt ihr beide im Zuschauerraum Platz, deine Rolle wird heute von der Zweitbesetzung gespielt. Der dunkelrote Samtvorhang öffnet sich, dein Drama beginnt. Es stellt genau die Situation dar, die du am meisten hasst, in der du dich vollkommen hilflos fühlst.

Schaue dir das Stück so lange an, wie du willst, vielleicht fällt dir schon die eine oder andere Verhaltensweise auf, die dir bislang entgangen ist.

Dein weiser Begleiter sagt dir, an welchen Stellen er dich gern unterstützen würde, er zeigt dir, wann du anders handeln dürftest. Fühle dich innig verbunden mit deiner führenden Kraft, so, als wäre sie deine weise Freundin oder ein liebevoller

Freund. Sachkundig und sehr erfahren gibt dir diese Kraft Anregungen und zeigt dir, wo dein Drama ein bisschen langweilig und unerleuchtet ist. Ganz besonders deutlich erkennst du, was dein nächster Schritt sein könnte, wo du dir vielleicht selbst im Weg stehst oder das Naheliegende nicht wahrnimmst.

Und irgendwann, wenn du merkst, es ist genug, das kann mitten im Stück oder auch erst am Ende sein, gibst du deinem Begleiter das Drehbuch in die Hand und bittest ihn, es zu überarbeiten. Nun schaue, was geschieht. Vielleicht geht es in Flammen auf, vielleicht blättert deine höhere Macht darin herum und nimmt einen roten Stift zur Hand.

Fühle die Erleichterung. Du hast das Drehbuch aus der Hand gegeben, jetzt kann es nur noch besser werden. Die Darsteller gehen bereits von der Bühne. Sie wissen, dass das alte Stück endgültig abgesetzt wird. Das neue wird sich zeigen, wenn es so weit ist.

Komme jetzt wieder langsam zurück in den Raum, in dem du dich befindest, atme noch einmal tief durch, und wisse, dass du einen wichtigen Schritt getan hast. Etwas Neues, Besseres ist auf dem Weg zu dir. Erlaube ihm, sich zu entfalten, indem du dich der alten Verhaltensweisen enthältst.

Die Masken und Kostüme ablegen

Du liegst oder sitzt bequem und beginnst, zu träumen.

Ein Weg führt durch deine innere Landschaft, und du fragst dich, was er für dich bereithält. Während du deinem Weg folgst, wird dir immer bewusster, dass du bestimmte Kostüme trägst, die dich auf eine gewisse Weise nach außen hin repräsentieren. Das war bis jetzt auch vollkommen in Ordnung. Gleichzeitig spürst du, dass sie dich daran hindern, einmal etwas Neues in deinem Leben auszuprobieren. Es könnte sogar sein, dass diese Kostüme dein wahres Selbst eher verbergen als unterstützen. Es wird Zeit, die alten Kostüme nach und nach abzulegen und zu schauen, was da zum Vorschein kommt. Denn diese Frage bewegt dich möglicherweise schon lange: Wer bist du, wenn du keine Erwartungen erfüllen musst, nicht einmal mehr deine eigenen?

In einiger Entfernung bemerkst du ein Lagerfeuer. Es brennt gerade so hoch, wie es für dich angenehm ist, und du gehst darauf zu. Eine Lichtgestalt sitzt am Lagerfeuer und sagt: »Ich freue mich sehr, dass du kommst. Ich habe schon auf dich gewartet.« Neben dem Lagerfeuer steht ein großer Spiegel. Die Lichtgestalt führt dich sanft vor diesen Spiegel, und du betrachtest dein Spiegelbild. Du siehst dich jetzt auf genau die Weise, wie du nach außen hin wirken möchtest. Du trägst ein bestimmtes Kleidungsstück, ein Kostüm, das dich nach außen hin so darstellt, wie du glaubst, sein zu müssen, damit du erfolgreich bist und dich geliebt fühlst. Es ist jenes symbolische Kleidungsstück, das dich genau so repräsentiert, dass du dich in der Außenwelt sicher fühlen kannst. Die Lichtgestalt sagt: »Wie wäre es, wenn du es probehalber einmal ausziehst? Ich helfe dir dabei.« Das Lichtwesen hilft dir jetzt, dein Kostüm abzulegen. Es legt deine Kleidung neben das Feuer, sodass du sie jederzeit wieder anziehen kannst.

Unter dem ersten Kleidungsstück kommt ein zweites zum Vorschein. Du schaust wieder in den Spiegel und siehst dich nun so, wie du sein musst, damit du dich selbst akzeptieren kannst. Dieses zweite Kleidungsstück zeigt, wie du dich selbst haben willst, damit du dich mit dir selbst sicher fühlst. Es symbolisiert das, was du erfüllen musst, damit du mit dir selbst im Reinen bist. »Wie wäre es«, sagt die Lichtgestalt, »wenn du auch dieses Kostüm einmal ausziehst? Ich lege es neben das Feuer, du kannst es jederzeit wieder anziehen.« Sie hilft dir dabei, auch dieses Kleidungsstück auszuziehen.

Ein drittes Kostüm zeigt sich; es schnürt dich ein. »Das sind die Normen und Regeln, denen du folgst«, sagt die Lichtgestalt, »sie sind dir vielleicht nicht einmal bewusst, und doch engen sie dich ein. Es sind Normen und Regeln der Gesellschaft, deiner Ahnenlinie, aber auch die, die du dir selbst auferlegst. Wie wäre es, wenn du einmal ausprobierst, wie gut du atmen kannst, wenn dich dieses Korsett nicht mehr einschnürt?« Du nickst, und die Lichtgestalt hilft dir, alles Einengende auszuziehen. Das kann ein sehr enger Taucheranzug sein, eventuell sogar eine Rüstung oder ein Korsett, das dir die Taille einschnürt. Es könnte auch sein, dass du einen Keuschheitsgürtel findest oder einen engen Ring um dein Herz. Erlaube der Lichtgestalt, alles von dir zu nehmen, was dich einengt und dich auf eine Weise zeigt, die dir möglicherweise zwar entspricht, dich jetzt aber daran hindert, etwas Neues auszuprobieren. Schicht um Schicht legst du ab. Die Lichtgestalt legt all diese Kostüme neben das Feuer.

Irgendwann schaust du in den Spiegel und siehst nur noch Licht. Du hast nicht einmal mehr einen Körper. »Komme mit, ich zeige dir etwas«, sagt die Lichtgestalt jetzt. Sie schwebt nach oben, und du folgst ihr mühelos, denn du bestehst nur noch aus Licht. Immer weiter schwebt ihr nach oben, und auf einmal befindet ihr euch mitten im Weltall, zwischen den Sternen. Das fühlt sich wunderbar an, sehr weit und frei. »Probiere einmal das«, ruft dir die Lichtgestalt zu und dehnt sich immer weiter aus. Du tust es ihr gleich, du dehnst dich immer weiter aus und fühlst dich dabei immer freier. Es könnte sein, dass du bemerkst, dass neue Lichtfunken zu deinem Licht hinzukommen, andere verabschieden sich vielleicht. Es ist gerade so, als würdest du vollkommen neu entstehen. Das fühlt sich ganz wunderbar an, und du bist sehr glücklich. Vielleicht bekommt das Licht, das du bist, sogar eine andere Färbung.

Irgendwann bedeutet dir die Lichtgestalt, wieder zur Erde zurückzukehren, was dir ganz leicht fällt. Du siehst die Erde leuchten, du spürst ihre unbändige Lebenskraft, und du hast Lust, dich selbst in einem Körper zu erleben. Jetzt landest du wieder auf der Erde, und dein Körper nimmt wieder seine ursprüngliche Form ein. Deine Kleidung liegt noch neben dem Feuer, doch jetzt kommt sie dir vollkommen fremd vor. Wenn du willst, darfst du sie verbrennen, wenn nicht, lasse sie einfach liegen, das Lichtwesen wird sich darum kümmern. Es reicht dir jetzt ein sehr zartes, luftiges Gewand und sagt: »Denke daran, du kannst dich jederzeit ausziehen und ein neues Gewand bekommen. Es ist nicht verkehrt, nach außen hin eine bestimmte Rolle zu verkörpern, eine bestimmte Funktion zu haben, doch nicht, damit andere dich mögen. Komme immer wieder ans Feuer. Ich helfe dir dabei, dich von den Vorstellungen anderer über dich zu befreien, die Kostüme abzulegen und immer wieder zu dir selbst zurückzukehren.«

Du streifst das leichte, zarte Gewand über und fühlst dich so frei und entspannt wie schon sehr lange nicht mehr.

Beschwingt bedankst du dich bei dem Lichtwesen und kehrst nun befreit und leicht durch dein Tor in den Raum zurück, in dem du dich befindest.

Loslassen und um Hilfe bitten lernen

Der Schlüssel zu echter Entwicklung

Weisst du in deinem Leben nicht mehr weiter? Fühlst du dich manchmal wie gelähmt und verdrängst bestimmte Teile deiner inneren Wahrheit, weil du nicht weißt, wie du dich verwirklichen kannst? Oder stehst du vor einer Situation, zu der dir nichts mehr einfällt?

Dann lerne die ungeheure Zauberkraft des Loslassens kennen. Wenn wir in einem Bereich unseres Lebens nicht mehr weiterwissen, heißt das nur, dass wir mit den uns zur Verfügung stehenden Mitteln nicht weiterkommen. Das ist, als wolltest du eine komplizierte handwerkliche Tätigkeit verrichten, hast aber nur drei Werkzeuge zur Auswahl, die alle nicht dafür geeignet sind. Anstatt nun davon auszugehen, dass es keine Lösung gibt, fährst du in das »Geht nicht gibt's nicht«-Wunderland, in einen Baumarkt. Dort erkennst du fasziniert, dass sich bereits jemand Gedanken um genau diese Situation gemacht hat. Glücklich kaufst du nun vielleicht ein sehr merkwürdig aussehendes Werkzeug, dessen Funktion du niemals erahnt hättest. Doch es löst dein Problem, und du bist wieder handlungsfähig.

Die erste Meditation ist eine Art energetischer Baumarkt. Sie ist das Eintrittstor in eine Welt voller Ideen und Fähigkeiten, mit denen du den Weg über jeden inneren Abgrund findest, immer auf die Weise, die dir möglich ist und die dich wachsen und bewusster werden lässt.

Die zweite innere Reise gibt dir deine Engelsflügel und damit deine innere Freiheit zurück.

Der Weg über den Abgrund

Du liegst oder sitzt ganz bequem und erlaubst dir, zu träumen. Du entspannst dich mehr und mehr, wirst leichter und freier, friedlich und ruhig.

Du gehst einen Weg entlang, der dich in eine unbekannte Gegend führt. Die Landschaft erscheint dir völlig fremd, sie fühlt sich weder vertraut an, noch hast du sie jemals zuvor gesehen. Vielleicht bist du gar nicht mehr auf dem Planeten Erde, sondern irgendwo im Weltall. Dennoch fühlst du dich sicher und geborgen, frei und unbeschwert.

Der Pfad windet sich in immer engeren Kurven durch die Landschaft. Und mit einem Mal stehst du vor einem Abgrund. Abrupt bleibst du stehen. Wie auch immer dieser Abgrund aussieht, für was auch immer er steht: Du kennst das Gefühl, das sich jetzt in dir ausbreitet, sehr genau. Der Weg ist zu Ende, du weißt nicht weiter.

Bleibe einen Moment lang stehen, und schaue dich um. Vielleicht gibt es ja eine Brücke oder eine Treppe, die du nehmen kannst, um den Abgrund zu überwinden. Doch du kannst nichts erkennen. Lange Zeit suchst du, du spürst, es ist wichtig, auf die andere Seite zu gelangen. Vielleicht bist du aber auch sehr rasch erschöpft und gibst auf. Doch wie lange auch immer du suchst: Irgendwann siehst du ein, dass es keinen Weg gibt. Du setzt dich an den Rand des Abgrundes und weißt nicht mehr weiter.

Auf einmal kommt dir der Gedanke, um Hilfe zu bitten. Du weißt nicht, wen oder was du bitten könntest, und vielleicht kommt dir die Idee verrückt vor, aber sie drängt sich dir immer wieder auf. Du entscheidest dich, es einfach auszuprobieren.

Gehe also an den Rand des Abgrundes, und sage leise: »Ich brauche Hilfe.« Deine Stimme klingt wie ein Echo, sie trägt weit, und du hast das Gefühl, dass sie sich immer mehr verstärkt, sodass auch wirklich jeder diesen Hilferuf hört.

Auf einmal wird es hell am Horizont. Du erkennst ein Licht, vielleicht ist es ein Engel oder eine strahlend helle, liebevolle Hand. Augenblicklich durchströmt dich das Gefühl von Ruhe und Frieden.

Bleibe stehen, erlaube dem Licht, näher zu kommen, und nimm wahr, was mit dir geschieht. Selbst wenn dein Verstand an dem zweifelt, was er sieht. Das Licht kommt näher und näher, jetzt ist es ganz nah.

Und auf einmal kommt dir ein Gedanke, eine Idee. Dieses Licht erinnert dich an deine eigenen schöpferischen Kräfte, an deine eigenen Möglichkeiten. Du erinnerst dich auf einmal daran, dass du alles hast, was du brauchst, um über diesen Abgrund zu gelangen. Vielleicht stellst du plötzlich fest, dass du ein riesig großes Paar Flügel besitzt und einfach hinüberfliegen kannst. Oder du merkst, dass du eine Tasche dabeihast, in der sich eine Kletterausrüstung befindet. Vielleicht erinnerst du dich an ein Krafttier, das du kennst, und du rufst einen Adler oder einen Drachen, damit er dich über die Schlucht trägt. Möglicherweise erscheinen ein paar Helfer und bauen dir eine Brücke, oder ein Regenbogen legt sich über den Abgrund, um dir als Weg zu dienen.

Vielleicht aber spürst du auch, dass du nichts tun kannst, außer dich vertrauensvoll dem Licht zuzuwenden. Du gibst dich dem Licht mehr und mehr hin, wirst innerlich weiter und weiter. Dein Bewusstsein öffnet sich auf nie gekannte Weise, du wirst immer heller. Und auf einmal bist du eins mit diesem Licht. Du verschmilzt mit dem Strahlen und der Wärme, dieser unendlichen Sicherheit und Geborgenheit. Dennoch spürst du dich selbst sehr genau, du hast noch immer dein Bewusstsein. Du fühlst dich unendlich geborgen und sicher. Und irgendwie kommt dir das Gefühl sogar vertraut vor.

In dieses Licht eingehüllt, denkst du dich auf die andere Seite, einfach so, du stellst dir vor, du seist bereits angekommen. Sowie diese Vorstellung in dir auftaucht, wird sie auch schon Wirklichkeit.

Du hörst ein leises, sehr liebevolles Lachen in dem Licht. Du befindest dich nun tatsächlich auf der anderen Seite des Abgrundes. Das Licht verblasst, du nimmst deinen Körper wahr und wirst wieder ganz und gar du selbst. Nun erkennst du auch schon den Weg, den du weitergehen willst. Auch hier ist dir alles fremd, aber du bist stolz und glücklich, beinahe ein wenig aufgeregt, dass dich dein Weg in so spannende Gebiete führt. Du weißt jetzt, dass du, wann immer du nicht weiterkommst, um Hilfe bitten darfst. Du wirst immer Unterstützung bekommen, sei es, indem du getragen wirst, sei es, indem dir eine zündende Idee kommt.

Gehe nun den Weg weiter, beginne dabei aber, mit deiner Aufmerksamkeit in deinen physischen Körper zurückzukehren, denn er möchte Teil dieser Erfahrung sein. Auch wenn du dich jetzt wieder an den Raum erinnerst, in dem du dich befindest, auch wenn du jetzt tiefer atmest und dich vielleicht reckst und streckst, gehst du innerlich den Weg weiter und freust dich auf das Abenteuer deines Lebens.

Die Schwingen deiner Freiheit

Du sitzt oder liegst bequem und erlaubst dir, zur Ruhe zu kommen. Es gibt nichts mehr zu tun. Stelle dir vor, alles, was dich jetzt noch belastet, in ein kleines Päckchen zu verpacken und vor die Tür zu stellen. Atme auf, und sinke tiefer und tiefer.

Es ist wichtig für dich, in deine eigenen Tiefen zu sinken, um Kraft zu schöpfen und zur Ruhe zu kommen. Hier, tief in dir, findest du die Kraft, mit der du deinen Alltag meisterst. Hier, tief in dir, begegnest du deiner eigenen Leichtigkeit, deiner Stille und deinem ganz eigenen Zauber.

Atme tief auf, ein Funken von Freude und Leichtigkeit steigt in dir auf. Es gibt nichts mehr zu tun.

Vor deinem inneren Auge erscheint eine strahlende Lichtsäule. Stelle dich in diese Lichtsäule hinein. Wie dunkler Rauch steigt nun alles auf, was dich schwer sein lässt. Nimm wahr, wie du leichter und leichter wirst. Auf einmal wirst du so leicht, dass du in der Lichtsäule zu schweben beginnst. Du steigst in Spiralen immer höher und höher. Das fühlt sich wundervoll an, die Lichtsäule trägt dich und durchströmt dich mit ihrem kraftvollen Licht. Auf einmal spürst du, dass du dein Ziel erreicht hast. Der Raum öffnet sich, und du weißt, dass du in der Schwingung der Engel angekommen bist.

Du betrittst das Reich der Engel, auch wenn du noch nie hier warst und gar nicht weißt, wie es aussehen könnte. Vielleicht spürst du dieses Reich auch eher, als dass du es siehst. Es ist weit, frei, liebevoll und sehr luftig. Du weißt vielleicht gar nicht, warum du hier bist oder ob du berechtigt bist, hier zu sein. Doch sogleich wirst du auf die herzlichste Weise in Empfang genommen. Fast kommt es dir vor, als verneigten sich die Engel vor dir. Das verwundert dich, aber etwas in dir beginnt, sich zu erinnern. Warst du wirklich noch nie hier? Ein großer, dir sehr vertraut erscheinender Engel tritt nun auf dich zu. Er verneigt sich vor dir, und plötzlich weißt du, warum er das tut. Du erinnerst dich, irgendwann einmal Teil dieser Engelgruppe gewesen zu sein, damals, lange bevor du dich bereit erklärt hast, deine Flügel abzugeben und ein Mensch zu werden. Du spürst, dass hier etwas Wichtiges, sehr Heilsames auf dich wartet.

Der Engel führt dich in eine Art Krankenzimmer, einen wundervoll ausgestatteten Raum mit goldener Energie. Und nun erinnerst du dich. Deine Gefühle, dein Bauch und dein Herz kennen diesen Ort. Du warst schon sehr lange nicht mehr hier. Du atmest tief auf, und du weißt, dass du hier Heilung erfahren wirst.

Ein goldener Engel tritt nun auf dich zu, auch er begrüßt dich. Voller Mitgefühl schaut er dich an, und auf einmal bemerkst du, warum. Du erkennst, dass auch du Flügel auf dem Rücken trägst, aber wie sehen diese Flügel aus! Nun wundert es dich nicht mehr, dass du vergessen hast, wie es ist, zu fliegen. Mit diesen Flügeln ist das Fliegen nicht mehr möglich. Vielleicht beginnst du, zu weinen, vielleicht bist du gleichzeitig tief dankbar, hier und jetzt Hilfe zu erfahren. Der goldene Engel schaut sich deine Flügel an und streicht liebevoll darüber. Er sagt dir, dass du von nun an gesunde, starke Flügel haben darfst, dass die Zeiten, in denen sich die Engel von ihren Flügeln trennten, um auf der Erde verankert zu bleiben, vorbei sind. Du weißt vielleicht nicht genau, was er meint, aber du spürst, dass ein

Teil in dir es sehr wohl weiß. Dieser Teil beginnt nun, sich auszudehnen.

Dein Bewusstsein erweitert sich, während der goldene Engel deine Flügel reinigt und richtet. Es kann sein, dass sie unterschiedlich groß sind, dann gibt er Energie hinein, damit sie wieder gleichmäßig werden. Vielleicht sind sie von all den Erdenleben schmutzig geworden, dann reinigt er sie mit einer speziellen Flügelreinigungslotion. Vielleicht nimmst du auch nur eine beruhigende Wärme am Rücken wahr, ohne dass du siehst, was er tut. Du weißt einfach, dass alles gut wird und du angekommen, wieder zu Hause bist. Hier wirst du versorgt und bekommst die Erste Hilfe, auf die du vielleicht schon lange wartest. Während dir der Engel die Flügel richtet, erkennst du, auf welche Weise sie verbogen oder gebrochen waren und warum: Damit du deine Erfahrungen machen konntest. Du weißt auf einmal, dass die gebrochenen Flügel ein Teil deines Weges auf der Erde waren und dass du wie einst Luzifer bewusst dein Licht abgegeben hast, um die Erde in all ihrer Dichte zu erfahren. Doch nun wird es Zeit, diese Flügel zu heilen, denn nun hast du beides: Füße, die fest mit Mutter Erde verwurzelt sind, und Flügel, die dich mit dem Engelreich verbinden.

Irgendwann spürst du, dass die Heilung deiner Flügel für heute abgeschlossen ist. Du bedankst dich bewegt bei dem goldenen Engel, und wieder verneigt er sich vor dir. Bevor du zur Erde zurückkehrst, fragt dich der große Engel, der dich in Empfang genommen hat, ob du der Erde ein Geschenk machen willst. Du nickst, und er fragt dich, was du gern haben möchtest, was die Erde deiner Meinung nach braucht. Du bist der Engel, der sich am besten mit der Erde auskennt, sagt er, so ist es an dir, zu entscheiden, was sie braucht. Du spürst in dich hinein und nimmst eine bestimmte Eigenschaft oder eine Energie wahr: Liebe, Freude, Mitgefühl oder etwas anders. Sprich es innerlich aus, und beobachte, wie diese Energie in Form eines Symbols oder Lichtes erscheint. Nimm die Energie in beide Hände, und verabschiede dich. Du kennst nun den Weg, und deine Flügel tragen dich. Der Abschied fällt dir sehr leicht, denn in Wahrheit ist es ja keiner.

Du schwebst in der Lichtsäule langsam zur Erde zurück und übergibst ihr das Geschenk. Vielleicht verschmilzt das Licht einfach mit ihrer Aura, vielleicht legst du das Symbol auf den Boden. Die Erde zeigt dir, auf welche Weise sie das Geschenk erhalten will, und dankt dir mit einer wundervollen, warmen Energie.

Glücklich und eins mit dir und deinem Engeldasein kehrst du nun in deinen Körper zurück. Augenblicklich wird er von diesem neuen Bewusstsein durchströmt, deine Zellen beginnen, die neuen Informationen umzusetzen, und ein Prozess der Veränderung nimmt seinen Anfang. Vielleicht kribbelt es auf einmal, oder du wirst müde, vielleicht wirst du auch hellwach und bist frisch und munter.

Zeit ist relativ – dein Zeittunnel

Seit einigen Monaten habe ich eine ganz persönliche Weise gefunden, mit Zeit umzugehen. Zeit ist ja laut vielen klugen Menschen relativ – damit lässt sich arbeiten! Dieser Zeittunnel verschafft dir einen zeitlosen Raum, eine Art Hyperraum, in dem die Zeit stillsteht. Allerdings funktioniert das nur, wenn du daran glaubst. Nur dann befindest du dich im zeitlosen Raum. Sobald du zu zweifeln beginnst, unterliegst du wieder den irdischen Gesetzen und damit auch der Zeit. Das macht nichts, entscheide dich ganz einfach wieder neu, dem zeitlosen Raum zu vertrauen. Übung macht den Meister.

Die Zeitspanne, die du überbrücken kannst, ist also abhängig davon, ab wann du dich selbst unter Druck setzt und die hohe Energie nicht mehr halten kannst.

Mein großer Vorteil ist, dass ich das ganze Raum-Zeit-Kontinuum sowieso nicht wirklich verstehe. Dadurch kann mein Verstand der Zeitmeditation nicht ernsthaft widersprechen, er hat schlicht keine Argumente. Und vielleicht gibt es auch gar keine.

Die folgende innere Reise habe ich von höheren Bewusstseinsebenen erhalten, als ich einmal völlig gestresst und unter Zeitdruck im Auto saß. Das war eine Situation, die ich wirklich nicht mehr erleben wollte – also bat ich um Hilfe.

Hier ist nun also der Zeittunnel. Es ist wirklich verblüffend, wie gut er funktioniert, solange man ihn für möglich hält. Verspätest du dich allerdings chronisch, weil deine Zeitplanung nicht gut ist, wird er dir nicht dienen.

Eine deiner Aufgaben auf der Erde ist es, zu lernen, mit deiner Lebenszeit umzugehen. Zeitmanagement ist ein Teil des sogenannten Saturn-Prinzips. Saturn entspricht in der römischen Mythologie Chronos, dem Hüter der Erdenstruktur. An ihm kommen wir nicht vorbei, weil wir durch Saturn lernen, mit den Gegebenheiten der Erde umzugehen. Das ist die Voraussetzung dafür, den Himmel auf Erden zu verwirklichen, was immer das für jeden Einzelnen heißt. Du kannst nur dann die Liebe, die Leichtigkeit und den Frieden des Himmels auf die Erde bringen, wenn du dich in den Gesetzmäßigkeiten, die auf der Erde wirksam sind, frei und ohne Groll bewegen kannst. Das erreichst du, indem du gelernt hast, sie zu befolgen, ohne dich von ihnen einengen zu lassen.

Probiere also die folgende innere Reise zunächst aus, wenn du keinen Stress hast, so kannst du sie am besten üben.

Der Raum zwischen den Zeiten

Du sitzt oder liegst bequem und erlaubst dir, zu träumen.

Stelle dir zwischen dem Ort, an dem du dich befindest, und dem Ort, an dem du ankommen möchtest, einen Tunnel vor, eine quer liegende, weiße Lichtsäule. Innerhalb dieses Tunnels gibt es keine Zeit, er ist eine Art Bewusstseins-Hyperraum, in dem andere Gesetze gelten.

Stelle dir vor, wie du in diesen Tunnel eintauchst und die Zeit augenblicklich stillsteht oder zumindest erheblich langsamer wird. Du siehst dich vielleicht wie in Zeitlupe fliegen, wie in einem Vakuum langsam durch den Tunnel gleiten. Am Ende des Tunnels steht eine Uhr, die du mit deiner gewünschten Ankunftszeit programmierst. Sei dabei realistisch, und übe zunächst kleine Zeitsprünge. Programmiere eine Ankunftszeit, die du für machbar hältst.

Stelle dir dieses Bild während deiner Fahrt immer wieder vor, besonders, wenn du doch in Stress und unter Zeitdruck gerätst. Atme immer wieder tief durch, und stelle dich dir in diesem Tunnel vor, egal, ob du gerade im Stau stehst oder die Fahrt zügig vorangeht. Achte dabei natürlich immer auf den Verkehr.

Immer dann, wenn du in Anspannung gerätst, senkt sich deine Schwingung, und du unterliegst den Gesetzen der irdischen Zeit. Komme mit deiner Aufmerksamkeit immer wieder in diesen entspannten, zeitlosen Raum, in dem dir alle Zeit der Welt zur Verfügung steht.

Der Zeittunnel ist ein Tunnel deines erweiterten, veränderten Bewusstseins, das dir dennoch erlaubt, im Außen wach und präsent zu bleiben. Du kannst dir das wie eine Meditation mit offenen Augen vorstellen, während ein großer Teil deiner Aufmerksamkeit wacher ist als vielleicht zuvor. Dieser Zeittunnel ist abhängig davon, in welchem energetischen Zustand du bist. Du solltest von seiner Wahrheit überzeugt sein und davon, dass du dir seine Hilfe verdient hast. Erlaubst du dir, Meister oder Meisterin über deine Zeit zu sein, können Wunder geschehen!

Erlaube dir,
der Meister oder die Meisterin
deiner Zeit zu sein,
dann können Wunder geschehen.

Nachwort

Liebe Leserin, lieber Leser, konntest du ein bisschen Ruhe und inneren Frieden für dich finden?

Die Meditationen sind sehr unterschiedlich, daher konntest du vielleicht nicht mit allen etwas anfangen. Ich hoffe aber sehr, dass du in dieser Fülle von inneren Bildern zwei oder drei gefunden hast, die dir wirklich helfen, die dein Leben erleichtern, bereichern oder gar verändern. Das würde mich sehr freuen.

Menschen, die eine Meditationstechnik praktizieren, sind nachweislich glücklicher, gesünder, zufriedener und erfolgreicher als andere. Wenn diese inneren Reisen also zu deinem Glück beitragen, dann haben der Verlag und ich alles richtig gemacht. Manchmal ist man müde von all dem, was man erreichen will oder soll. Selbst das Streben nach Glück und das Greifen nach den Sternen können ermüden. Wenn du meditierst, dreht sich die Welt für eine kleine Weile ohne dich weiter. In deiner inneren Welt kannst du dich ausruhen, Kraft schöpfen, dir neue Impulse holen und, wenn du ganz still bist, die Quelle allen Seins erfühlen.

In Liebe und Verbundenheit
Deine Susanne

Über die Autorin

Susanne Hühn ist staatlich anerkannte Physiotherapeutin, Seminarleiterin und Autorin. Ihr Schwerpunkt ist das Lehren emotionaler Intelligenz und innerer Freiheit mithilfe einer liebevollen, beschützenden Beziehung des Erwachsenen zum eigenen Inneren Kind. Sie lehrt, wie man zum wahrhaft liebenden, freien und selbstbestimmten Menschen wird. Bewusst angewandtes, aktives Selbstmitgefühl bildet das wichtigste Element ihrer Methode, über die sie zahlreiche Bücher und Meditationen verfasst hat. Viele Kliniken arbeiten mit ihren Büchern und empfehlen sie ihren Patienten weiter.

www.susannehuehn.de

Danke für deine REZENSION

– Gemeinsam sind wir mehr –

Liebe Leserin, lieber Leser,
von Herzen danken wir dir, dass du dieses Buch in den Händen hältst und es bis zum Ende gelesen hast. Das bedeutet uns, dem Schirner Verlag und seinen Autoren, sehr viel. Aus voller Überzeugung und mit Hingabe widmen wir uns seit vielen Jahren Themen, die unser aller Lebensqualität und Bewusstwerdung dienlich sind, und hoffen, einen Beitrag für eine lichtvollere Welt leisten zu können. Wenn dir unsere Arbeit gefällt, möchten wir dich bitten, dir einige Minuten Zeit zu nehmen, um dieses Buch zu rezensieren. Warum? Die meisten Menschen lesen Rezensionen, bevor sie ein Buch kaufen, da sie hierdurch einen Eindruck bekommen, ob und wie der Inhalt des Buches den Leser erreicht hat. Eine kurze Rezension ist dabei ebenso hilfreich wie eine lange, sehr ausführliche. Um es auf den Punkt zu bringen:

Eine Rezension ist heutzutage die beste Werbung für ein Autorenwerk!

Wenn du den Schirner Verlag und seine Autoren neben dem Buchkauf auch anderweitig unterstützen willst, dann bitten wir dich: Schreibe für jedes Werk eine Rezension – vielleicht als persönliche Leseempfehlung für die Buchhandlung in deiner Nähe oder online, z. B. beim Schirner Verlag. Das wäre nicht nur eine Wertschätzung für die Autoren, sondern kann dazu beitragen, dass die Verkaufszahlen steigen und der Schirner Verlag auch in herausfordernden Zeiten Bestand hat.

WIE SCHREIBT MAN EINE REZENSION?

Grundsätzlich sollte eine Rezension aus der eigenen, subjektiven Sicht geschrieben werden, da es sich um eine persönliche Meinung handelt. Du kannst in zwei Sätzen deine Gedanken zu dem Buch äußern oder eine längere Rezension verfassen. Falls du nicht weißt, wie du beginnen sollst, hier ein paar Anregungen:

- War das Buch leicht verständlich geschrieben? Wie hat dir die Sprache gefallen? Wie empfandest du die Aufteilung der verschiedenen Themen?
- War es unterhaltsam? War es deiner Meinung nach mit Herzblut und Liebe geschrieben? Wie hat es auf dich gewirkt?
- Hat es dein Herz berührt? Konntest du dich wiederfinden?
- War es tief greifend genug? Hast du viel Neues gelernt?
- Hat es gehalten, was der Titel und die Buchbeschreibung versprochen haben? Hat es deine Erwartungen erfüllt?
- Was macht das Buch besonders? Warum sticht es heraus im Vergleich zu anderen Büchern, die ein ähnliches Thema behandeln?
- Würdest du das Buch weiterempfehlen oder verschenken?

Dankeschön

Bildnachweis

Bilder von der Bilddatenbank www.shutterstock.com:

Schmuckelement auf allen Seiten: Mandala: #1332229898 (© 09Design_Factory)
Weitere Bilder: S. 8: #177507158 (© Robert Zp); S. 18: #1518020753 (© Kichigin); S. 20: #507277528 (© Thoom); S. 24: #1300140355 (© PhilipYb Studio); S. 26: #1136038235 (© Aurelia Teslaru); S. 30: #1618561543 (© Michael J P); S. 34: #447910723 (© rdonar); S. 36: #526786087 (© Breslavtsev Oleg); S. 39: #1293630382 (© Microscope); S. 44: #130197554 (© Peshkova); S. 48: #307587356 (© Sara Winter); S. 50: #1052865818 (© Martin Payne); S. 54: #79161814 (© Jorge Salcedo); S. 58: #532248946 (© wiparat juthamanee); S. 66: #714463111 (© Respiro); S. 70: #751469572 (© digantarajkhowa); S. 74: #1336759832 (© Pra Chid); S. 76: #1487440628 (© Viktor Hladchenko); S. 84: #1803335359 (© Julia Ardaran); S. 88: #1332346106 (© Kanea); S. 94: #280855259 (© LeicherOliver); S. 100: #577906321 (© Marukosu); S. 104: #332736155 (© Creative Travel Projects); S. 109: #667856146 (© Ondrej Prosicky); S. 110: #772858510 (© tomertu); S. 116: #2008334282 (© LedyX); S. 120: #1238997874 (© rawf8); S. 124: #138463910 (© solarseven); S. 126: #1510389236 (© ScottYellox); S. 134: #1060908011 (© andrey_l)

Bild von Susanne Hühn: © Dreastique